KB031350

주역 육효점의 원조

경씨역전

京氏易傳

경방京房 찬撰

최정준崔廷準 역주譯注

비움과소통

주역에 간지干支와 오행론을 결합한 육효점六爻占의 조종祖宗을 읽는다

서문

『사기』의 기록에 의하면 魯나라의 商瞿가 孔子에게 易을 전수받은 이후 다섯 번 전해져 漢나라의 田何에 이르게 된다. 京氏易傳 卷 下에는 송대의 역학자 조열지(晁說之)의 경씨역전에 대한 견해가 실려있다. 이에 따르면 역학의 계보에 대해 田何는 洛陽의 丁光에게 전수하고, 丁光은 碭의 田王孫에게 전수하고, 田王孫은 東海의 孟喜에게 전수하고, 孟喜는 梁의 焦贛延壽에게 전수하고, 延壽는 京房에게 전수하였다고 하였다. 이후 京房은 東海의 殷嘉와 河東의 姚平과 河南의 乘弘에게 전수하여 京房의 易學이 지금까지 전해지니 경씨의 역학은 孔子의 易學계보 위에 있음을 알 수 있다.

경씨역전(京氏易傳)은 역학사에서 몇 가지 중요한 의의가 있다. 먼저 경씨역전은 주역(周易)에 간지(干支)를 오행(五行)론과 결합시켜 주역연구의 새로운 관점을 제시했다는 것이다. 음양과 오행이 易學의 근본이론이라고 할 때, 이 둘이 본격적으로 결합되어 象數易學으로 체계화되었다는 점이다. 이것을 卦에 干支를 결합했다고 하여 납갑(納甲)이라고도 한다.

또 하나는 주역(周易)의 64괘의 순서와 다른 구성을 보여준다는 점이다. 현재 64괘의 순서는 선천64괘의 순서와 주역의

64괘 卦序와 경씨역전의 64괘 순서로 대별된다. 이는 모두 당시의 자연과 인간이 변화하는 질서양상에 관해 저자의 시대적 인식과 창의적 관점이 반영된 것이다.

마지막으로 京氏易傳은 현실적인 占學과 관련해볼 때, 현재까지 유행하고 있는 점법인 六爻占의 조종(祖宗)이라는 점이다. 경방이 처음으로 64卦마다 世應을 붙이고 干支를 활용해 五行의 상호관계로 일정한 사안의 吉凶을 추산하는 방법을 창안한 것을 후대에 점으로 활용하고 있는 것이 六爻占이다. 그러므로 육효를 활용하는데도 그 근원을 알고 활용하는 것이 한결 나을 것이다.

조열지(晁說之)가 경전의 글이 완성된 문장이 아니고 오자가 많아 해독하기 어려웠고 미진한 부분은 후대의 哲人을 기다린다고 한 것만 보아도 京氏易傳은 여러모로 쉬운 글은 아니다. 그래서 자세하게 풀어야할 숙제도 남아있지만 아직도 번역서가 나오지 않았고, 당장 대학원에서 강의할 교재의 필요성도 있기에 나를 포함한 학인들에게 만에 하나라도 참고가 되기를 바라는 차원에서 두렵지만 10여 년 전부터 관심을 갖고 보아오던 것을 단순하게 번역해 내놓게 되었다. 사고전서 본 자체에 非文이 많고 오자가 많은데도 교정을 보아준 김선회 동학에게 고맙다는 말을 전하고 관심을 갖고 출판해 준 비움과소통 김성우 대표님께 감사드린다.

2016년 초여름, 始興에서

목 차

京氏易傳 卷 中

京氏易傳

京氏易傳

譯注 崔廷準

京房

京氏易傳 卷 上

漢 京房[1)] 撰

1-1.

乾 ䷀乾下乾上

原文

乾, 純陽用事, 象配天, 屬金.

譯

乾卦는 純陽이 작용하고 象은 하늘에 배속되며 金에 배속된다.

---

1) 京房 : 漢나라때 頓丘에 살던 사람이며, 字는 君明이다. 본래 姓은 李씨였는데 스스로 京氏로 고쳤다. 梁나라 사람인 焦延壽에게 易을 배웠다. 관직은 郎中·魏郡太守를 거쳤다. 永光·建昭때에 자주 上疏를 올렸는데 石顯·五鹿充宗에게 미움을 받아 獄에 갇혀 죽었다.

原文

與坤爲飛伏. 居世.[壬戌土, 癸酉金.][2] 易云用九見群龍无首吉.[純陽用九之德.] 九三, 三公爲應, 肖乾乾夕惕之憂. 甲壬配外內二象.[乾爲天地之首, 分甲壬入乾位.] 積算, 起已巳火至戊辰土, 周而復始.[吉凶之兆, 積年起月, 積日起時, 積時起卦, 入本宮.] 五星從位起鎭星.[土星入西方, 麗西北, 居壬戌伏位.] 參宿從位起壬戌.[壬戌在世, 居宗廟] 建, 子起潛龍,[十一月冬至一陽生.] 建, 巳至極主亢位.[四月龍見于辰, 陽極陰來, 吉去凶生, 用九吉.] 配於人事, 爲首,[乾爲首也.] 爲君父,[乾象堅剛, 天地之尊, 故爲君父.], 於類爲馬爲龍.[天行運轉不息.] 降五行, 頒六位.[十二辰分六位, 升降以時, 消息吉凶.] 居西北之分野, 陰陽相戰之地, 易云戰于乾.[乾爲陽, 西北陰, 陽入陰, 二氣盛必戰.] 天六位, 地六氣, 六象六包, 四象分萬物, 陰陽無着, 升降有等,[陰陽二十四候律呂調矣.] 人事吉凶見乎其上, 造化分乎有無.[故云, 變動不居, 周流六虛.]

譯

坤卦와는 飛伏[3]의 관계이다. 世에 거하는데[壬戌의 土와 癸酉의 金이다[4].] 『주역』에 이르길 "여러 용들을 보되 앞장섬이 없으

---

2) 提要에 의하면 이하의 주석은 陸績이 달았다고 하였다. 육적은 三國시대 吳나라 사람으로 康의 아들이며 字는 公紀이다. 6세에 袁術과 대면했을 때 원술이 橘을 주자 품에 품어갔다. 원술이 그 이유를 물으니 육적이 가지고 가 어머니에게 드리려고 한다고 하여 원술이 기이하게 여겼는데 '陸績懷橘'의 故事가 생겨났다. 장성하면서 博學多識하여 星歷算數에 대해 해박했으며 易에는 더욱 정밀했다. 관직은 孫權의 曹掾 鬱林太守를 거쳤다. 스스로 죽을 날을 알았는데 32세에 생을 마쳤다.

3) 飛伏: 飛伏은 飛神과 伏神을 말하는데 일단 飛는 顯의 의미로 伏은 隱의 의미로 본다. 後篇에 자세한 설명이 있으므로 그곳에서 다룬다.

면 길할 것이다."라고[5]**하였다. 九三은 三公으로 應이 되는데 "힘쓰고 힘써 저녁까지도 두려워하는" 근심이 있다. 甲과 壬은 內外 두 괘의 상에 배분된다.**[乾卦는 천지의 처음이니 甲과 壬을 분배해서 乾의 자리에 들인다][6]. **積算**[7]**은 己巳 火에서 일으켜 戊辰 土에 이르니, 한 바퀴를 돌아 다시 시작한다. 吉凶의 조짐은 年을 쌓아 月을 일으키고, 日을 쌓아 時를 일으키고, 時를 쌓아 卦를 일으켜 本宮에 들인다. 五星은 자리를 따라 鎭星에서 일으킨다.**[土星이 西方에 들어가 西北方에 걸려 壬戌의 伏位에 거처한다.] **參宿가 자리를 따라 壬戌에서 일으킨다.**[壬戌이 世에 있으며 宗廟에 거처한다[8].] **建은 子를 潛龍인 初九에서 일으키고,**[11

---

4) 乾괘는 世가 上九爻에 있고 應이 九三효 에 있다. 그래서 상효에 '壬戌土 癸酉金'이라 하였는데 乾卦 上九의 壬戌土와 坤卦 上六의 癸酉金이 飛伏의 관계가 된다.

5) 『周易』 乾卦 用九 爻辭.

6) 『參同契』 納甲圖에 의하면 음력으로 3, 8, 15, 16, 23, 30일로 月相을 구분하였다. 이에 관한 설은 몇 가지가 되는데 실은 관측시간을 각각 달리 정하고 보면 이해하기 쉬운 부분이 있다. 坎離는 日月에 해당한다. 北方을 기준으로 하면 子시에 北方[癸]에 30일 그믐달[☷]이 午시에 北方[壬]에 15일 보름달[☰]이 있다. 西方을 기준으로 보면 酉시에 西方[庚]에 3일 초생달[☳]이 卯시에 西方[辛]에 16일 旣望[☴]이 있다. 南方을 기준으로 보면 酉시에 南方[丁]에 8일 상현달[☱]이 있고, 卯시에 南方[丙]에 23일 하현달[☶]이 있다. 東方을 기준으로 보면 酉시에 東方[甲]에 15일 보름달[☰]이 있고 卯시에 東方[乙]에 30일 그믐달[☷]이 있게 된다. 陽卦에는 陽干이 陰卦에는 陰干이 들어온다. 이런 방법을 괘에 갑자를 들인다고 하여 納甲法이라고 한다.

7) 積算 : 절후를 세우는 가장 끝의 간지로부터 일으킨다. 乾卦는 초효인 甲子로부터 일으켜 6효를 지나기 까지 甲子, 乙丑, 丙寅, 丁卯, 戊辰, 己巳로 24절기 중 12절기를 거친다. 절후를 세우는 가장 끝의 간지가 己巳이므로 60간지 한 바퀴 돌아 戊辰에 이른다.

8) 乾卦는 世가 上九에 있고 上九의 干支는 壬戌에 해당하며, 上

월 冬至에 一陽이 생긴다.] **建은 巳를 궁극에 이르러 亢極한 자리를 주관한다.**[4月에 龍이 별자리에 보이고, 陽이 極에 다라 陰이 오며, 吉함이 가고 凶함이 生하니, 用九가 吉하다.] **人事에 배속했을 때 머리가 되고**[乾卦는 머리가 된다.] **임금과 아버지가 되며**[乾卦의 象이 견고하고 剛하며, 天地에서 높은 것이기 때문에 임금과 아버지가 된다.] **사물의 종류는 말이 되고 용이 된다.**[천체의 운행은 運轉함에 쉼이 없다.] **五行을 내려 六位에 분포하였다**[9]**.**[12辰을 六位에 분포하여, 때를 써서 升降하니 줄어들고 늘어나며 吉하고 凶하다.] **西北方의 분야에 거처하여 陰과 陽이 서로 싸우는 곳으로 『주역』에서는 "乾方에서 싸운다."라고**[10] **하였다.**[乾은 陽이고 西北方은 陰인데 陽이 陰에 들어가 두 기운이 모두 성하니 반드시 싸우게 된다.] **하늘의 六位와 땅의 六氣가 여섯을 형상하며 여섯을 포함하여 四象이 만물을 나눔에 陰과 陽이 어긋나지 않고 오르내림에 차등이 있으니**[陰陽으로 24절후의 律呂[11]를 조절한다.] **人事의 吉凶이 그 위에 나타나고 造化가 有無로 나누어진다.**[그러므로 이르길, "변동하여 머물지 않아 六虛에 두루 흐른다."라고[12] 하였다.]

位는 宗廟에 해당하는 자리이다.

9) 五行은 乾卦 初九의 子 九二의 寅 九三의 辰 九四의 午 九五의 申 上九의 戌로 水木土火金의 五行을 말한다. 六位에 12辰 五行을 분포하는 것을 말한다.

10) 「說卦傳」 5장.

11) 律呂 : 원래 고대 樂器의 이름이라 하는데 이 악기의 淸濁·高下한 각 성음을 음양으로 구분하여 양을 律이라 하고 음을 呂라 하였다. '六律司陽辰'이라 하여 黃鐘 子, 太簇 寅, 姑洗 辰, 蕤賓 午, 夷則 申, 無射 戌이 된다. 그리고 '六呂司陰辰'이라 하여 大呂 丑, 夾鐘 卯, 仲呂 巳, 林鐘 未, 南呂 酉, 應鐘 亥가 된다. 律呂相生에 의해 陰陽相生의 道를 이룬다고 한다.

12) 「繫辭下傳」, 9장.

原文

六位純陽, 陰象在中.[陽中陰, 陰中陽.] 陽爲君, 陰爲臣, 陽爲民, 陰爲事. 陽實陰虛, 明暗之象, 陰陽可知.[三五爲陽, 二四爲陰, 初上潛亢.] 水配位爲福德.[甲子水, 是乾之子孫.] 木入金鄕居寶貝.[甲寅木, 是乾之財.] 土臨內象爲父母.[甲辰土, 是乾之父母.] 火來四上嫌相敵.[壬午火, 是乾之官鬼.] 金入金鄕木漸微.[壬申金, 同位傷木.] 宗廟上建戌亥乾本位.[戌亥乾之位.] 陽極陰生.[降入姤卦.] 八卦例諸.

譯

六位가 순전히 陽으로 되어있지만 陰의 象이 그 가운데 있다.[陽 가운데 陰이 있고, 陰 가운데 陽이 있다.] **陽이 임금이면 陰은 신하이고, 陽이 백성이면 陰은 일이 된다. 陽이 實하고 陰이 虛한 것은 明暗의 象이니 陰과 陽을 알 수 있다.**[三과 五는 陽의 자리이고, 二와 四는 陰의 자리이며, 初는 潛藏된 자리이고 上은 亢極한 자리이다.]

(初九는) 水가 자리에 배속되어 福德이 된다.[甲子는 水로 이는 子孫이다.] **(九二는)木이 金의 고향에 들어와 寶貝에 거처한다.**[甲寅은 木으로 이는 乾의 財物이다.] **(九三은) 土가 안에 임해 父母가 된다.**[甲辰은 土로 이는 乾의 父母이다.] **(九四는) 火가 네 번째 자리 위로 와서 미워하며 서로 대적한다.**[壬午는 火로 이는 乾의 官鬼이다.] **(九五는) 金이 金의 고향에 들어와 木이 점차 미약해진다.**[壬申은 金으로 같은 자리에서 木을 해친다.] **(上九는) 宗廟의 위에 월건이 戌亥인데 乾의 본래 자리이다.**[戌亥는 乾의 방위이다.] **陽이 궁극해지면 陰이 생한다.** [내려가서 姤卦에 들어간다.]

1-2.
姤 ䷫巽下乾上

原文

姤, 陰爻用事. 金木互體, 天下風行曰姤, 姤遇也. 易曰陰遇陽.[一陰初生, 陽氣猶盛, 陰未爲敵.]

譯

姤卦는 陰爻가 작용한다. 金과 木이 몸을 함께 하며 하늘 아래 바람이 행함을 일러 姤라 하였으니 姤란 만남이다. 『周易』에서는 陰이 陽을 만난다고 하였다[13]. [하나의 陰이 처음 생하였지만 陽氣가 오히려 성대하니 음이 대적하지 못한다.]

原文

與巽爲飛伏. 元士居世.[辛丑土, 甲子水.] 尊就卑,[子孫與父母, 相代位] 定吉凶, 只取一爻之象.[多以少爲貴.] 九四諸侯, 堅剛在上, 陰氣處下. 易云, 繫于金柅. 巽積陰入陽, 辛壬降內外象. 建, 庚午至乙亥.[芒種小雪] 積算, 起乙亥水至丙戌土, 周而復始.[災福之兆生乎五行升降也.] 五星從位起太白.[太白在西金位.] 井宿從位入辛丑.[辛丑入土, 元士臨母也.] 建午, 起坤宮初六爻. 易云, 履霜堅氷至. 建亥, 龍戰于野.[戌亥是乾之位, 乾伏本位必戰, 積陰之地猶盛故戰.] 配於人事, 爲腹爲母,[坤順容於物.] 於類爲馬. 易云, 行地

13) 『周易』 姤卦의 「象傳」에는 '陰遇陽'이 아니라 '柔遇剛'이라고 하였다.

無疆.[此釋一爻配坤象. 本體是乾巽, 今贊一爻起陰, 假坤象言之] 內巽爲風乾爲天, 天下有風行, 君子以號令告四方.[巽入也, 風入於坤, 皆動也. 故知天下有風動其物也.] 天風氣象, 三十六候.[三十六候節氣, 降大風象.]

譯

巽卦와 비복의 관계이다. 元士가 世가 거처한다.[辛丑土와 甲子水이다[14].] 존귀한 것이 낮은 데로 나아갔으며[子孫과 父母가 서로 자리를 잇는다[15].] 吉凶을 정함에 다만 한 爻의 象을 취할 뿐이다.[많음은 적음을 귀한 것으로 삼는다.] 九四의 諸侯는 굳고 강함으로 上卦에 있으며 陰氣는 아래에 처해있다. 『周易』에 이르길 '쇠말뚝에 매어 놓으면'이라고[16] 하였다. 巽卦는 쌓인 陰이 양에 들어가니 辛과 壬이 內外의 卦象에 내린다[17]. 建은 庚午에서 乙亥까지이다.[芒種에서 小雪까지이다[18].] 積算은 乙亥水에서 일으켜 甲戌[19]土[20]에 이르니, 한 바퀴를 돌아 다시 시

---

14) 巽卦의 初爻인 辛丑의 土와 乾卦의 初爻인 甲子의 水가 飛伏의 관계이다.

15) 辛丑 土는 乾 金을 생하니 父母爻에 해당하여 尊이 되고 甲子 水는 乾 金이 생하니 子孫爻가 되어 卑가 된다. 乾卦의 初爻인 甲子 子孫 자리에 巽卦 初爻인 辛丑 父母가 왔기 때문에 '尊就卑'라고 하였다.

16) 姤卦, 初爻.

17) 內卦는 巽卦이니 納甲으로 辛이고 外卦는 乾卦이니 納甲으로 壬이 된다.

18) 건괘에서 甲子에서 己巳에 이르기까지 六辰을 거치는 동안 大雪에서 小滿에 해당한다. 그러므로 姤괘의 初爻에서 庚午로 받아 다시 六辰을 거쳐 乙亥에 이른다.

19) 積算法은 절후를 일으킨 마지막 干支에서 이어받아 시작하니 乙亥에서 60갑자를 한 바퀴 돌아 甲戌이 되어야 한다. 판본에 丙戌이라 한 것을 甲戌로 바로잡는다.

작한다. 五星은 자리를 따라 太白에서 일으킨다.[太白星은 西方金의 자리에 있다[21].] **井宿가 자리를 따라 辛丑에 들어간다.**[辛丑은 土에 해당하니 元士가 어머니[22]에 임한 것이다.] **建은 午를 坤宮初六爻에서 일으키니 『周易』에 "서리를 밟으면 굳은 얼음이 이른다."라고[23] 하였다. 建은 亥를 "용이 들에서 싸운다."[24]** [戌亥는 乾卦의 방위로 乾이 엎드려 있는 본래 자리이니 반드시 싸운다. 陰氣가 쌓인 곳으로 성대하므로 싸운다.] **인사에 배속해 보면 배도 되고 어머니도 되며,**[坤의 순함이 다른 물건을 받아들인다.] **사물의 종류는 말도 된다. 『주역』에 이르길 "땅을 행함에 끝이 없다."라고[25] 하였다.**[이것은 한 효만을 坤의 象에 배속하여 해석한 것이다. 본체는 乾卦와 巽卦인데 지금 한 효를 도와 陰을 일으킨 것은 坤의 象을 빌려[26] 말한 것이다.] **內卦인 巽은 바람이 되고 乾卦는 하늘이 되어 하늘 아래 바람이 부니 군자는 이것을 본받아 사방에 호령하여 알린다.**[巽의 德은 들어가는 것인데 바람이 땅에 들어가니 모두 움직인다. 그러므로 하늘 아래 바람이 불며 물건들을 움직임을 안다.] **하늘과 바람의 氣象으로 절후는 36후에 해당한다.**[36후의 절기가 큰 바람을 내리는 상이다.]

---

20) 판본의 土자를 문맥에 따라 士자로 바로잡는다.
21) 五星의 순서는 相生의 순서를 따르니 乾卦에 土星이 배속되었으므로 姤卦에는 金星이 배속된다.
22) 어머니는 父母爻를 지칭한 것이다.
23) 坤卦 初六 爻辭.
24) 坤卦 上六 爻辭.
25) 坤卦 「象傳」.
26) 음양기운의 消息으로 볼 때 子에서 巳까지를 乾卦에 午에 해당하는 亥까지를 坤卦에 짝해볼 때 天風姤卦의 初爻만을 본다면 곤괘 初爻인 午에 해당한다. 그러므로 陸注에서 본체는 乾巽이나 임시로 곤괘의 상을 빌렸다고 하였다.

原文

木入金爲始,[金納木也.] 陰不能制於陽, 附於金柅, 易之柔道牽也. 五行升降, 以時消息, 陰湯降入遯.[天山遯卦.]

譯

木이 金에 들어감을 시작으로 삼았다.[金이 木을 용납한 것이다.] 陰이 陽을 제어할 수 없어 쇠말뚝에 붙어있어야 하니 『주역』에서 말한 '柔의 道는 牽制해야 한다.' 라는[27] 것이다. 五行이 升降함은 때로써 消息하는 것이니 陰이 움직여 내려가서 遯卦에 들어간다.[天山遯卦이다.]

---

27) 姤卦, 初六, 「象傳」.

1-3.
遯 ䷠艮下乾上

原文

遯, 陰爻用事. 陰盪陽遯, 金土見象. 山在天下爲遯.[遯退也.] 陰來陽退也, 小人君子汚隆契斯義也. 易云, 遯世無悶.

譯

遯卦는 陰爻가 작용한다. 陰이 움직여 陽은 물러나니 金과 土로[28] 象을 나타낸다. 山이 하늘 아래 있는 것이 遯이 된다. [遯은 물러남이다.] 陰이 와서 陽이 물러나니 小人과 君子의 汚辱과 隆盛이 이 뜻과 契合한다. 『주역』에 이르길 "세상에서 물러나도 번민함이 없다."라고[29] 하였다.

原文

與艮爲飛伏. 大夫居世. 建辛未爲月.[丙午火, 丙寅木] 六二得應與君, 位遇建焉. 臣事君全身遠害.[遯俟時也.] 建, 辛未至丙子. 陰陽遯去, 終而伏位.[從六月至十一月也.] 積算起丙子至乙亥, 周而復始.[火土同宮[30], 天與山遯.] 陽消陰長, 無專於敗. 繫云, 能消息者, 必專者敗. 五星從位起太陰, 鬼宿入位降丙辰.[丙午臨元士.] 配

---

28) 姤卦의 陰이 하나 더 자라난 상으로 上卦인 金과 下卦인 土로 괘상을 보여준다.
29) 乾卦, 「文言傳」, 初九.
30) 火土同宮은 世가 거처한 六二와 艮卦의 관계를 말한 것으로 볼 수도 있으나, 문맥상 金土同宮이 되어야 할 듯하다.

於人事爲背爲手.[艮爲背手.] 於類爲狗爲山石. 內外升降, 陰陽分數, 二十八候.[分陰陽進退.]

譯

艮卦와 飛伏의 관계이다. 大夫가 世에 거처한다. 建은 辛未로 달을 삼는다[31].[丙午火와 丙寅木이다.] 六二가 應을 얻어 임금과 함께하고, 자리가 굳건함을 만났다. 신하가 임금을 섬김에 몸을 온전히 하여 해로움을 멀리 한다.[遯은 때를 기다리는 것이다.] 建은 辛未에서 丙子까지이다. 陰과 陽이 물러나 마쳐 자리에 엎드린다.[6월에서부터 11월에 이른다.] 積算은 丙子에서 일으켜 乙亥에 이르니, 한 바퀴를 돌아 다시 시작한다.[火와 土가 집을 함께 하고, 하늘이 산과 함께함이 遯卦이다.] 陽이 줄어들고 陰이 자라남에 오로지 하여 실패하지 않는다. 繫에 이르길 "줄어들고 자라날 줄 아는 자이니, 반드시 오로지 하는 자는 패한다."라고 하였다. 五星은 자리를 따라 太陰에서 일으키고[32], 鬼宿가 자리에 들어 丙辰에 내려온다.[丙午가 元士에 임하였다.] 人事에 배속하면 등이 되고 손이 된다. 사물의 종류는 개가 되고 산이나 돌도 된다. 內外로 升降하며 陰陽이 數를 분배하니 28候가 된다.[陰陽을 구분하여 나아가고 물러난다[33].]

---

31) 姤卦에서 절기 간지를 庚午로 시작하였으니 遯卦는 辛未에서 시작된다.

32) 姤卦가 金星이었으므로 遯卦는 水星이 배속된다.

33) 月建이 陽의 干支로 六辰 12절이면 36후가 되고 月建이 陰의 간지로 六辰 10절이면 28후가 된다.

原文

土入金爲緩. 積陽爲天, 積陰爲地, 山所地高峻逼通於天. 是陰長陽消, 降入否.[陰逼陽去 入天地否卦.]

譯

土가 金에 들어가 느슨하게 되었다. 陽氣가 쌓여 하늘이 되고 陰氣가 쌓여 땅이 되었는데, 산은 땅의 높은 곳으로 하늘에 가까이 통한다. 이는 陰이 자라나고 陽이 줄어드는 것으로[34] 내려가서 否괘에 들어간다.[陰이 핍박하고 陽이 물러나서 天地否卦에 들어간다.]

---

34) 天과 山을 천지의 陰陽기운으로 보아 陰陽의 消長관계로 해석하였다.

1-4.
否 ䷋坤下乾上

原文

否, 內象陰長,[純陰用事.] 天氣上騰, 地氣下降, 二象分離, 萬物不交也. 小人道長, 君子道消.[陰小人陽君子.] 易云, 否之匪人.

譯

否卦는 內卦가 陰이 자라난 象이다.[순전한 陰이 작용한다.] 天氣는 위로 올라가 있고 地氣는 아래로 내려와 있어 두 象이 분리되어 만물이 사귀지 못한다. 小人의 道는 자라나고 군자의 道는 줄어든다.[陰은 小人이고 陽은 君子이다.] 『주역』에서 "否는 사람이 아니다."라고[35] 하였다.

原文

與坤爲飛伏, 三公居世,[乙卯木, 甲辰土] 上九宗廟爲應. 君子以俟時, 小人爲灾.[乙卯泰來.] 建, 壬申至丁丑, 陰氣浸長.[七月立秋至十二月大寒.] 積算, 起丁丑至丙子,[金丑土同宮, 吉凶見矣.] 周而復始. 五星從位起歲星.[木星入卦用事.] 柳宿從位降乙卯.[乙卯臨三公.] 氣分氣候三十六.[六六三十六, 積算吉凶.]

譯

坤卦와 飛伏의 관계이다[36]. 三公이 世에 거처한다.[乙卯木과 甲

---

35) 否卦의 卦辭.

辰土이다.] **上九는 宗廟로 應이 된다. 군자는 이를 본받아 때를 기다리고, 小人은 災害를 만든다.**[乙卯에서 泰가 온다.] **建은 壬申에서 丁丑까지이며, 陰氣가 점점 자라난다.**[7월 立秋에서 12월 大寒까지이다.] **積算은 丁丑에서 일으켜 丙子에 이르니,**[金이 丑土와 집을 같이 하여 吉凶이 나타난다.] **한 바퀴를 돌아 다시 시작한다. 五星은 자리를 따라 歲星에서[37] 일으킨다.**[木星이 卦에 들어와 작용한다.] **柳宿가 자리를 따라 乙卯에 내려온다.**[乙卯가 三公에 임한다.] **氣候를 분배함에 36이다[38].**[6×6=36이니 吉凶을 積算한다.]

原文

陰陽升降, 陽道消鑠, 陰氣凝結. 君臣父子, 各不迨及,(陰盪陽來, 道行矣.] 易曰, 其亡其亡繫于苞桑.[苞桑則叢桑也.] 天地清濁, 陰薄[音搏.]陽消, 天地盈虛, 與時消息, 危難之世, 勢不可久. 五位旣分, 四時行矣.[君子當危難世, 獨志難, 不可久立. 特處不改其操, 將及泰來] 上九云, 否終則傾何可長也.[否極則泰來.] 陰長降入於觀.[九四被陰逼入觀卦.]

譯

陰陽이 升降함에 陽의 道는 줄어들며 없어지고, 陰의 氣는 엉겨서 맺혀진다. 君臣과 父子가 각각 서로 미치지 못한다.[陰이

36) 飛인 坤卦 三爻에 乙卯가 붙고 伏인 乾卦 三爻에 甲辰이 붙는다.

37) 五星은 遯卦가 水星에 해당하므로 相生의 이치에 의해 다음은 木星이 배속된다.

38) 月建의 干支가 陽이므로 36이 된다.

변해 陽이 와야 道가 행해진다.] 『주역』에 "그 망할까 망할까 하여야 우북한 뽕나무에 매어놓는다."라고[39] 하였다.[苞桑은 곧 뽕나무 떨기이다.] 天地의 淸濁과 陰이 적어지고 陽이 줄어드는 것과 天地의 盈虛는 때와 더불어 消息하는 것이니, 위태롭고 어려운 세상은 그 運勢가 오래갈 수 없다. 다섯 자리가 이미 나누어지고 사시가 운행하고 있다.[군자가 위태롭고 어려운 세상을 만나 혼자의 뜻으로는 어려워 장구하게 세우기 어렵다. 다만 처세에 그 지조를 바꾸지 않으면 장차 泰가 찾아온다.] 上九에 이르길 "否가 마치면 기울어지니 어찌 오래갈 수 있겠는가?"[40]라고 하였다[否가 극에 달하면 泰가 온다.] 陰이 자라 내려가서 觀卦에 들어간다.[九四가 陰의 핍박을 받아 觀괘로 들어간다.]

39) 否卦, 九五 爻辭.
40) 否卦, 上九 「象傳」.

1-5.
觀 ䷓坤下巽上

原文

觀內象陰道已成, 威權在臣. 雖大觀在上而陰道浸長.

譯

觀卦는 內卦의 象이 陰의 道가 이미 이루어져 위엄과 권위가 신하에게 있다. 비록 크게 봄으로 위에 있으나 陰의 道가 점차 자라난다.

原文

與巽爲飛伏, 諸侯臨世,[辛未土, 壬午火.] 反應元士而奉九五.[君位也] 易云, 觀國之光利用賓于王. 建癸酉至戊寅, 陰陽交伏.[秋分至立春.] 積算, 起戊寅至丁丑,[用金爲首.] 周而復始. 金土火互爲體. 五星從位起熒惑.[火星入卦用事吉凶] 星宿從位降辛未[星宿入諸侯宮木星同位]. 土木分氣二十八.[積算分配六位, 吉凶爻定數.]

譯

巽卦와 비복의 관계41)이다. 諸侯가 世에 임하여[辛未土와 壬午火이다.] 돌이켜 元士와 상응하며 九五[임금의 자리이다.]를 받드다. 『周易』에 이르길 "나라의 빛을 봄이니 써 왕에게 손님 노

---

41) 乾卦와 巽卦가 飛伏의 관계이며 간지로는 壬午와 辛未가 비복관계가 된다.

릇함이 이롭다."라고[42] 하였다. 建은 癸酉에서 戊寅까지로 陰과 陽이 교대로 엎드린다.[秋分에서 立春까지이다.] 積算은 戊寅에서 일으켜 丁丑에 이르니,[金을 써서 시작으로 삼는다.] 한 바퀴 돌아서 다시 시작한다. 金과 土와 火가 서로 卦體가 된다. 五星은 자리를 따라 熒惑에서 일으킨다[43]. 星宿가 자리를 따라 辛未에 내려온다[44]. 土와 木이 氣候를 분배함에 28이다[45].[積算을 六位에 분배하여 吉凶爻로 數를 정한다.]

原文

陰陽升降, 定吉凶成敗, 取六四, 至于九五成卦之終也. 易云, 觀我生[我生卽道也.] 又云, 風行地上.[君子之德風, 小人之德草.] 列象分爻以定陰陽進退之道, 吉凶見矣. 地上見巽, 積陰凝盛, 降入于剝.[九五退, 陰入剝卦.]

譯

陰陽의 升降하며 吉凶과 成敗를 정함에 六四를 취하며, 九五에 이르면 괘의 마침을 이룬다. 『周易』에 이르길 "나의 생김새를 본다."라고[46] 하였다.[我는 곧 道이다.] 또 이르길 "바람이 땅위에 분다."라고[47] 하였다.[君子의 德은 바람이고 小人의 德은 풀이다.] 상을 늘어놓고 효를 나누어 陰陽 進退의 道를 정하니 吉凶이

---

42) 觀卦 六四 爻辭.
43) 否卦에 五星 중 木星이 들어와 작용하였으므로 상생의 이치에 따라 觀卦에는 火星이 들어와 작용한다.
44) 28宿는 柳宿 다음의 星宿가 世爻의 辛未에 내려온다.
45) 下卦의 坤土와 上卦의 巽木에 기후를 분배함에 28로 나눈다.
46) 觀卦 九五 爻辭.
47) 觀卦 「大象傳」.

나타난다. 땅위에 巽卦를 보니, 陰氣가 쌓여 엉겨 성해지면 내려가서 剝卦에 들어간다.[九五가 물러나고 陰이 剝卦에 들어간다.]

주역의 집대성자인 공자

1-6.
剝 ䷖坤下艮上

原文

剝, 柔長剛減, 天地盈虛. 體象金爲本, 隨時運變, 水土用事. 成剝之義, 出於上九. 易云, 碩果不食, 君子得輿, 小人剝廬.[君子全得剝道安其位, 小人終不可安.]

譯

剝卦는 柔가 자라나고 剛이 감소하니 천지가 차고 비는 이치이다. 卦體의 象은 金이 本이 되는데[48], 때를 따라 움직이고 변하여 水와 土가 작용한다. 剝卦를 이룬 뜻은 上九에서 나온다. 『周易』에 이르길 "큰 과실는 먹지 않아야 하니 군자는 수레를 얻고 소인은 집을 깍는다."라고[49] 하였다.[君子는 剝의 도리를 온전히 해서 그 자리를 편안히 하지만 소인은 끝내 편안히 하지 못한다.]

原文

與艮爲飛伏.[丙子水, 壬申金.] 天子治世反應大夫. 建甲戌至己卯, 陰陽定候[寒露至春分]. 積算, 起己卯木至戊寅木, 周而復始.[吉凶之兆見于有象.] 純土配金用事. 五星從位, 起鎭星.[土星入卦.] 張

48) 金이 本이 된다는 것은 本宮인 乾卦가 金에 속한다는 뜻이다.

49) 剝卦 上九 爻辭.

宿從位降丙子.[張宿入天子宮] 金土分氣三十六.[積算六位起吉凶, 天地盈虛氣候.]

譯

艮卦와 비복의 관계이다.[丙子水와 壬申金이다50).] 天子가 世를 다스리고 돌이켜 大夫와 상응한다. 建은 甲戌에서 己卯까지이니, 陰陽이 기후를 정한다.[寒露에서 春分까지이다.] 積算은 己卯木에서 일으켜 戊寅 木에 이르니, 한 바퀴 돌아서 다시 시작한다.[吉凶의 조짐은 지니고 있는 象에서 나타난다.] 순전한 土가 金과 배합해서 작용한다. 五星은 자리를 따라 鎭星에서 일으킨다.[土星이 괘에 들어온다.] 張宿가 자리를 따라 丙子에 내려온다.[張宿가 天子의 宮에 들어온다.] 金과 土가 기후를 배분함에 36이다51).[積算으로 六位에서 길흉을 일으키니 天地에 차고 비는 기후이다.]

原文

易象云, 山附於地剝. 君子俟時, 不可苟變, 存身避害, 與時消息. 春夏始生, 天氣盛大, 秋冬嚴殺, 天氣消滅. 故當剝道已成, 陰盛不可易, 陽息陰專. 升降六爻, 反爲遊魂, 盪入晉[積陰反入晉卦.]

譯

『周易』「大象傳」에 이르길 "산이 땅에 붙어있는 것이 剝卦이다."라고 하였다. 君子는 때를 기다려 구차하게 변해서는 안

---

50) 剝卦 五爻에 飛로 丙子가 伏으로 壬申이 배속된다.
51) 戌月이 寒露와 霜降에 해당되고 卯月이 驚蟄과 春分에 해당되는데 戌月의 立節에서 卯月의 中氣까지 모두 12절기 36후가 된다.

되니, 몸을 보존하며 해로움을 피해 때와 함께 消息한다. 봄여름에는 처음 생해 天氣가 盛大해지고, 가을·겨울에는 엄한 殺氣에 天氣가 消滅한다. 그러므로 剝의 道가 이미 이루어짐을 당해서 陰이 성대함을 바꿀 수 없으니 陽은 줄어들고 陰이 오로지한다. 六爻에 升降함에 돌이켜 遊魂이 되어 움직여 晉卦에 들어간다52).[陰이 쌓여 돌이켜 晉卦에 들어간다.]

52) 乾·姤·遯·否·觀을 거쳐 剝에 이르면 世가 5효에 있다. 여기에서 上爻로 계속 나아가지 않고 돌이켜 4爻로 들어가니 이를 遊魂이라고 한다.

1-7.
晉 ䷢坤下離上

原文

晉, 陰陽反復進退不居, 精粹氣純, 是爲游魂.[爲陰極剝盡, 陽道不可盡滅. 故返陽道. 道不復本位, 爲歸魂例入卦.] 金方以火土運用事.

譯

晉卦는 陰陽이 反復하며 進退하여 거처하지 않아 精氣가 순수하니 이것이 游魂이 된다[53].[陰이 極에 달아 剝에서 다하니 陽의 道는 다해 없어질 수 없기 때문에 陽의 道로 돌아온다. 道가 본래 자리로 돌아오지 않다가 歸魂의 사례가 되어 卦에 들어간다.] 金이 장차 火와 土의 運을 써서 작용한다.

原文

與離爲飛伏.[己酉金, 丙戌土] 諸侯居世, 反應元士. 建己卯至甲申. 陰陽繼候.[春分立秋.]. 積算, 起甲申金至癸未土, 周而復始.[遊魂取象, 配於正位, 吉凶同矣.] 五星從位起太白.[卦配金星入用] 翼宿從位降己酉金.[翼宿北方入晉卦行事] 二象分候二十八.

---

53) 初爻에서 五爻에 이르면 더 이상 나갈 수 없다. 上爻는 宗廟의 자리니 깍을 수 없어 碩果不食에 해당한다. 그러므로 다시 四爻의 자리로 물러나는데 이를 游魂이라 하였다.

譯

離卦와 비복의 관계이다[54]. 諸侯가 世에 거처해 돌이켜 元士와 應한다. 建은 己卯에서 甲申까지이니, 음양으로 절후를 잇는다.[春分에서 立秋까지이다.] 積算은 甲申金에서 일으켜 癸未土에 이르니, 한 바퀴 돌아서[55] 다시 시작한다. 五星은 자리를 따라 太白에서 일으킨다.[卦에 金星을 배분해 들여 쓴다.] 翼宿가 자리를 따라 己酉 金에 내린다.[翼宿가 晉卦에 北方으로 들어와 일을 한다.] 두 象에 기후를 분배함에 28이다.

原文

運配金土, 積算氣候, 無差於晷刻[56]. 吉凶列陳, 象在其中矣, 天地運轉, 氣在其中矣. 乾道變化, 萬物通矣.[乾分八卦至大有復卦] 六爻交通, 至於六卦, 陰陽相資相返相克相生至游魂, 復歸本位爲大有. 故曰火在天上大有爲歸魂卦. 定吉凶配人事五行象乾爲指歸地.[凡八卦分爲八宮八卦. 八八六十四卦, 定吉凶配人事. 天地山澤草木日月昆蟲包含氣候足矣.]

譯

運은 金과 土에 배합하니 기후를 積算함에 시각이 어긋남이 없다. 吉凶이 베풀어지니 象이 그 가운데 있고, 천지가 움직

54) 火地晉卦는 乾金宮에 속하는 괘로 上卦는 離火 下卦는 坤土이다. 艮卦와 離卦가 비복의 관계이다. 己酉는 離卦에 丙戌은 艮卦에 배속되니 서로 飛伏의 관계이다.

55) 積算에서 한 바퀴 돈다는 것은 甲申에서 癸未까지 60일을 말한다.

56) 晷刻은 해 시계의 눈금으로 표시된 시각이다.

여 도니 氣가 그 가운데 있으며, 乾道가 변하고 화함에 만물이 通한다.[乾卦에 분배된 8괘는 大有卦에 이르러 卦를 회복한다. 六爻가 사귀어 통합이 여섯 괘에 이르면, 음양이 서로 의지하고 돌이키며 克하고 生해서 游魂에 이르고, 본래 자리에 돌아와 大有卦가 된다. 그러므로 불이 하늘 위에 있다고 하였으니 歸魂卦가 되는 것이다. 吉凶을 정하고 인사에 배속하며, 오행으로 乾의 象을 돌아갈 곳이라고 指定한 것이다.[8괘를 분배해 8궁의 8괘를 만든다. 8×8=64괘로 길흉을 정하고 인사에 배속시킨다. 天地·山澤·草木·日月·昆蟲이 기후를 포함 것이 충분하다.]

1-8.
大有 ䷍乾下離上

原文

大有, 卦復本宮, 曰大有. 內象見乾, 是本位.[八卦本從乾宮起, 至大有爲歸魂.] 純金用事,

譯

大有卦는 本宮에 돌아옴을 일러 대유라 한 것이다. 內卦의 象에 乾卦가 나타나니 이것이 본래의 자리이다.[8괘가 본래 乾宮을 따라 일으켜 大有에 이르면 歸魂이 된다.[57]] 純金이 작용한다.

原文

與坤爲飛伏.[甲辰土, 乙卯木.] 三公臨世, 應上九爲宗廟. 建戊寅至癸未.[立春正月, 至大暑時也.] 積算, 起癸未土至壬午火, 周而復始.[吉凶與乾卦同用.] 五星從位起太陰.[太陰水星, 入卦用事.] 軫宿從位降甲辰.[二十八宿分, 軫星入大有卦用事. 行度吉凶可見.] 金土分象, 三十六候.

譯

坤卦와 飛伏의 관계이다.[甲辰土와 乙卯 木이다[58].] 三公이 世에

---

57) 歸魂에서 歸는 본래자리로 돌아간다는 의미이다.
58) 乾卦와 坤卦가 비복의 관계가 되어 甲辰은 건괘에 乙卯는 곤괘에 배속된다.

임하고, 상응하는 上九는 종묘가 된다. 建은 戊寅에서 癸未까지이다. 積算은 癸未土에서 일으켜 壬午火에 이르니, 한 바퀴 돌아서 다시 시작한다.[吉凶은 乾卦와 작용이 같다.] 五星은 자리를 따라 太陰에서 일으킨다. 軫宿가 자리를 따라 甲辰에 내려온다.[28宿를 분배하면, 軫星이 大有卦에 들어와 작용한다. 운행도수의 길흉을 알 수 있다.] 金과 土로 象을 나누니 36의 기후이다.

原文

配陰陽升降, 六位相盪, 反復其道.[復歸本位也.] 吉凶度數, 與乾卦同分. 六五陰柔, 爲日照于四方, 象天行健.[六龍御天]. 少者爲多之所宗,六五爲尊也.[柔處尊位以柔履剛以陰處陽, 能柔順於物, 萬物歸附, 故曰照于四方.] 易曰火在天上大有.[離爲火爲日, 故曰大有.] 陰陽交錯萬物通焉. 陰退陽伏反本也. 乾象分盪八卦, 入大有終也. 乾生三男, 次入震宮八卦.[乾生三男, 坤生三女. 陽以陽陰以陰求奇偶定數于象也.]

譯

陰陽의 오르내림에 배합하며 여섯 자리가 서로 움직여 그 道를 다시 회복한다.[본래 자리에 복귀한다.] 吉凶의 度數가 乾卦와 더불어 같이 구분된다. 六五가 陰柔하여 해가 사방에 비추는 것이 되고, 하늘의 운행이 굳건함을 상징한다.[六龍이 하늘을 몰고 다닌다.] 적은 것이 많은 것의 宗主가 되니 六五가 존귀한 것이다.[柔가 尊位에 거처하고, 柔가 剛을 밟고, 陰이 陽에 거처하니, 만물에 유순할 수 있으면 萬物이 돌아와 붙기 때문에 사방을 비춘다고 하였다.] 『주역』에 불이 하늘 위에 있는 것이 大有라 하였다[59].

[離가 火가 되고 日이 되므로 대유라 한 것이다.] **陰陽이 사귀며 섞이니 만물이 통하고, 陰이 물러나고 陽이 엎드리니 근본에 돌아온 것이다. 乾卦의 象이 팔괘로 나뉘어 움직여 大有卦에 들어가 마친다**[60]**. 乾卦가 三男을 낳아 다음으로 震宮의 八卦에 들어간다.**[乾이 三男을 생하고, 坤이 三女를 생한다. 陽은 陽을 쓰고 陰은 陰을 쓰니, 奇偶의 定數를 象에서 구한다.]

---

59) 大有卦, 「大象傳」.

60) 이상으로 乾, 姤, 遯, 否, 觀, 剝, 晉, 大有의 8괘는 모두 乾宮의 팔괘에 속한다.

2-1.
震 ䷲震下震上

原文

震分陰陽交互用事. 屬於木德, 取象爲雷出自東方. 震有聲故曰雷, 雷能警於萬物爲發生之始, 故取東也. 爲動之主, 爲生之本, 易繫云帝出乎震.[安爲動主, 靜爲躁君.]

譯

震卦는 陰陽이 사귀어 서로 작용한다. 木의 德에 속해있고 象을 취함에 우레가 동방으로부터 나옴이 된다. 떨칠 때 소리가 있기 때문에 우레라고 하였고, 우레는 만물을 놀라게 하여 발생의 시작이 되기 때문에 東方을 취하였다. 움직임의 주장이 되고 낳는 근본이 되니 『주역』에 "상제가 震에서 나온다."라고[61] 하였다.[편안함은 움직임의 주인이고, 고요함은 조급함의 임금이다.]

原文

與巽爲飛伏.[庚戌土辛卯木.] 宗廟處上六.[陰爲陽之主. 震動, 動須由陰陽交互, 震動也.] 運數入丙子至辛巳.[大雪至小滿.] 積算起辛巳至庚辰土宮, 配吉凶, 周而復始.[吉凶配木宮以土用事.] 五星從位起歲星.[木星入卦用事.] 角宿從位降庚戌土.[庚戌入震用事. 臨上六爻庚戌土位爲元首.] 內外木土二象俱震. 易曰震驚百里, 又云畏隣

---

61) 「說卦傳」6장.

戒也.[震爲雷聲驚于百里. 春發秋收, 順天行也. 取象定吉凶.] 取象爲陽配爻屬陰. 故曰陰陽交錯而爲震. 氣候分數三十六, 定吉凶於頃刻, 豪釐之末, 無不通也, 無不備也.[定陰陽數, 考人之休咎. 起于積算, 終于六位也.]

譯

巽卦와 飛伏의 관계이다.[庚戌土와 辛卯木이다.] 宗廟가 上六에 거처한다.[陰은 陽의 주인이 된다. 震은 움직임인데 움직임은 반드시 음양의 서로 사귐을 말미암으니, 震이 움직이는 것이다.] 運數는 丙子에 들어가 辛巳까지이다.[大雪에서 小滿까지이다.] 積算은 辛巳에어 일으켜 庚辰 土宮에 이르니, 吉凶을 배속하며 한 바퀴 돌아서 다시 시작한다.[吉凶은 木宮에 배속하는데 土를 써서 작용한다[62].] 五星은 자리를 따라 歲星에서 일으킨다.[木星이 괘에 들어와 작용한다.] 角宿가 자리를 따라 庚戌土에 내린다.[庚戌이 震卦에 들어 작용하며 上六에 임하니 庚戌土의 자리가 元首가 된다.] 內外의 木과 土의 두 象이 모두 震이다. 『주역』에 "우레가 백리를 놀라게 한다."라고[63] 하고 또 "이웃 경계를 두려워한다."라고[64] 하였다.[震이 우레 소리가 되어 백리를 놀라게 한다. 봄에 발생하고 가을에 수렴함은 천도의 운행을 따르는 것이다. 象을 취해 吉凶을 정한다.] 象을 취한 것은 陽이 되나 배속된 爻는 陰에 속한다. 그러므로 陰陽이 교착되어서 震이 된다고 하였다. 기후를 분배한 수가 36이니 吉凶을 頃刻에서 정하여 터럭 끝이라도 통하지 않음이 없으며 갖추지 않음이 없다.[陰陽의 數를 정하여 사람의 아름답

62) 진은 목궁에 속하고 세위가 토이다.
63) 震卦, 卦辭.
64) 震卦, 上六 爻辭.

고 허물됨을 살피니 積算에서 일으켜 여섯 자리에서 마친다.]

原文

陰陽交互, 陽爲陰, 陰爲陽, 陰陽二氣盪而爲象. 故初九三陰爲豫
[入豫卦.]

譯

陰과 陽이 서로 사귀어 陽은 陰이 되고 陰은 陽이 되어 陰陽의 두 기운이 움직여 象이 된다. 그러므로 初九가 三陰이 되어 豫卦가 된다.[豫卦에 들어간다.]

2-2.
豫 ䷏坤下震上

原文

豫卦配火水木, 以爲陽用事. 易云, 利建侯行師. 又云, 天地以順動故日月不過四時不忒[坤順震動.], 聖人以順動則刑罰淸而民服.

譯

豫卦는 火와 水와 木이 배분되고 陽을 써서 작용한다.『주역』에 "제후를 세워 군사를 행함이 이롭다."라고[65] 하였다. 또 "天地는 순하게 움직이기 때문에 日月이 지나치지 않아 四時가 어긋나지 않으며[坤은 順하고 震은 動한다.] 聖人은 순하게 움직여 형벌이 맑아 백성이 복종한다."라고[66] 하였다.

原文

與坤爲飛伏.[乙未土, 庚子水.] 世立元士爲地, 易奉九四爲正. 正建丁丑至壬午.(大寒芒種) 積算起壬午至辛巳. 以六爻定吉凶. 周而復始.[火土算休咎.] 五星從位起熒惑.[熒惑火星入卦用事.] 亢宿從位降乙未土.[亢宿配乙未土.] 上木下見土. 內順外動. 故爲悅豫. 時有屯夷, 事非一揆. 爻象適時, 有凶有吉. 人之生世, 亦復如斯, 或逢治世, 或逢亂時, 出處存亡, 其道皆系. 易云, 大矣哉. 陰陽升降. 分數二十八, 極大小之數, 以定吉凶之道.[積算壬午入乙未推吉凶.]

---

65) 豫卦, 卦辭.
66) 豫卦, 「彖傳」.

譯

坤卦와 飛伏의 관계이다.[乙未土와 庚子水이다.] 世에 元士를 세우니 땅의 자리에 해당하고, 易理로는 九四를 섬김을 바름으로 여긴다. 建은 丁丑에서 壬午까지이다.[大寒에서 芒種까지이다.] 積算은 壬午에서 일으켜 辛巳에 이른다. 여섯 爻로 吉凶을 정하며, 한 바퀴 돌아 다시 시작한다.[火와 土로 아름다움과 허물을 계산한다.] 五星은 자리를 따라 熒惑에서 일으킨다.[熒惑의 火星이 卦에 들어와 작용한다.] 亢宿가 자리를 따라 乙未土에 내린다.[亢宿가 乙未土에 배분된다.] 上卦는 木인데 下卦에 土가 나타난다. 內卦는 順하고 外卦는 움직임이니 기뻐하는 것이 된다. 때에는 어렵고 평탄함이 있고 일은 한 가지로 헤아릴 수 없다. 爻象은 때에 맞추어 吉하기도 하고 凶하기도 하다. 사람이 세상에 사는 것도 이와 같으니, 혹 다스려지는 세상을 만나기도 하고 혹 어지러운 시기를 만나기도 하니 出處와 存亡이 모두 달려있다. 易에 이르길 "크구나, 陰陽의 升降이여!"라고 하였다. 數를 분배함에 28이니 크고 작은 수를 지극히 하여 吉凶의 道를 정한다.[積算은 壬午에서 乙未에 들여 吉凶을 추리한다.]

原文

豫以陽積陰爲內順. 成卦之義在於九四一爻. 以陽盪陰. 君子之道變之於解.[豫卦以陰入陽, 成九四之德. 變入解卦, 陽入陰, 成解之德.]

譯

豫卦는 陽으로 陰을 쌓아 內卦의 덕이 순하다. 卦를 이루는

뜻은 九四 한 효에 있다. 陽으로 陰을 움직여서 君子의 도가 解로 변해 간다.[豫卦는 陰이 陽에 들어가, 九四의 德을 이룬다. 變해 解卦에 들어가면 陽이 陰에 들어가 解卦의 德을 이룬다.]

2-3.
解 ䷧坎下震上

原文

陰陽積氣, 取散以時. 內險外動, 必散. 易云, 解者散也, 解也. 品彙甲拆, 雷雨交作[震雷坎雨]. 積氣運動, 天地剖判, 成卦之義在於九二.

譯

陰陽이 기운이 쌓여 모이고 흩어짐을 때로써 한다. 內卦는 險하고 外卦는 움직임으로 반드시 흩어진다. 『周易』에 이르길 "解卦는 흩어지는 것이고 풀어지는 것이다."라고 하였다. 모든 물건이 껍질을 깨고 나오며 우레와 비가 서로 작용한다. [震은 우레이고, 坎은 비이다.] 쌓여진 기운이 움직여 천지가 갈라지니 卦를 이루는 뜻은 九二에 있다.

原文

與坎爲飛伏.[戊辰土, 庚寅木] 立大夫於世爲人, 而六五降應, 委權命於庶品. 建戊寅至癸未.[立春大暑.] 推吉凶於陰陽, 定運數於歲時. 積算起癸未至壬午, 周而復始.[土火入數起宮.] 五星從位起鎭星.[鎭星土位.] 氐宿從位降戊辰.[氐宿入戊辰.] 木下見水, 動而險. 陰陽會散, 萬物通焉. 升降屬陽盪陰, 以陽爲尊, 尊者高而卑者低. 變六三爲九三恒卦. 分氣候定數, 極位於三十六.[金水入數合卦成數定日月時.]

譯

坎卦와 飛伏의 관계이다.[戊辰土와 庚寅木이다.] 대부를 世에 세우니 사람의 자리에 해당하며, 六五가 내려와 應하니 일반 품계에 명령할 수 있는 권한을 맡긴다. 建은 戊寅에서 癸未까지이다.[立春에서 大暑까지이다.] 吉凶은 陰陽에서 추리하고, 運數는 歲時에서 정해진다. 積算은 癸未에서 일으켜 壬午에 이르니, 한 바퀴 돌아 다시 시작한다.[土와 火가 氣數에 들어와 宮에서 일으킨다.] 五星은 자리를 따라 鎭星에서 일으킨다.[鎭星은 土의 자리이다.] 氐宿가 자리를 따라 戊辰에 내려온다.[氐宿가 戊辰에 들어온다.] 木아래 水가 나타나 움직이며 험하다. 陰陽이 모이고 흩어져 만물이 통한다. 升降함에 陽에 속해 陰을 움직여, 陽으로써 존귀함을 삼으니 존귀한 자는 높고 비천한 자는 낮다. 六三이 변해 九三이 되면 恒卦이다. 氣候를 분배하여 數를 정하고 자리를 지극히 함에 36이 된다.[金과 水가 氣數에 들어 卦와 합하고 數를 이루어 日月의 때를 정한다.]

原文

變坎入巽, 居內象, 爲雷風運動, 鼓吹萬物, 謂之恒.

譯

坎卦가 변해 巽卦에 들어가 內卦의 象에 거처해, 우레와 바람이 움직여 만물을 고취함을 일러 恒이라 한다.

2-4.
恒 ䷟巽下震上

原文

恒, 久於其道, 立於天地. 雷與風行, 陰陽相得, 尊卑定矣. 號令發而萬物生焉,[萬物得其道也, 生者道, 一作進也.] 雷風行而四方齊也.[齊者整齊.]

譯

恒卦는 그 道에 항구해서 천지에 정립한다. 우레가 바람과 함께 행하여 陰陽이 서로 얻으니 높고 낮음이 정해졌다. 호령을 발하여 만물이 생하고,[만물이 그 道를 얻는데 낳는 것을 道라 한다. 어떤 본에는 '進'자로 되어있다.] 우레와 바람이 행하여 사방이 가지런해진다.[가지런해짐은 정제됨이다.]

原文

與巽爲飛伏.[辛酉金, 庚辰土] 三公治世, 應於上六宗廟.[宗廟爻] 建己卯至甲申.[春分立秋.] 金木起度數. 積算起甲申至癸未, 周而復始.[金木入宮.] 五星從位起太白.[太白金星入卦用事.] 房宿從位降辛酉.[房宿入卦立秋用.] 上下二象見木, 分陰陽於內外.[內巽陰外震陽.] 氣候分數三十八.[金木入卦分節侯.]

譯

巽卦와 飛伏의 관계이다.[辛酉金과 庚辰土이다.] 三公이 世를 다스리고 上六의 宗廟와 相應한다.[宗廟에 해당하는 爻이다.] 建은 己卯에서 甲申까지이다.[春分에서 立秋까지이다.] 金과 木으로 度數를 일으킨다. 積算은 甲申에서 일으켜 癸未에 이르니, 한 바퀴를 돌아서 다시 시작한다.[金과 木이 宮에 들어왔다.] 五星은 자리를 따라 太白에서 일으킨다.[太白의 金星이 卦괘 들어와 작용한다.] 房宿가 자리를 따라 辛酉에 내려온다.[房宿가 卦에 들어오고 立秋를 쓴다.] 上下의 두 象에 木이 나타나고, 陰陽을 內外로 나눈다.[內卦는 巽의 陰이고, 外卦는 震의 陽이다.] 氣候를 분배한 수가 36이다.[金과 木이 卦괘 들어와 節侯를 분배한다.]

原文

九三至於陽屯之位, 不順所履, 無定其位.[恒者常也, 而九三以陽居位入于陰陽交互之上. 是知不久爲(缺) 所然(缺).] 易云, 不恒其德, 或承之羞. 陰陽升降反於陰. 君道漸進, 臣下爭權, 運及於升.[次降入升卦.]

譯

九三이 陽으로 어려운 자리에 이르러 밟는 바에 순탄하지 않아 그 자리를 정함이 없다.[恒은 恒常인데 九三은 陽으로 자리에 거처하며 陰陽이 서로 사귀는 위로 들어갔다. 이는 오래 하지 못해(빠져있음) 그런 것을(빠져있음) 알 수 있다.] 『주역』에 이르길 "그 德을 항구하게 하지 못하니 혹 부끄러움을 당한다."라고67) 하였다. 陰陽이 升降함에 陰으로 돌아온다. 임금의 도는 점차 나가고 신하가 권력을 다투니 運이 升에 미친다.[다음으로 내려가서 升卦

67) 恒卦, 九三爻辭.

에 들어간다.]

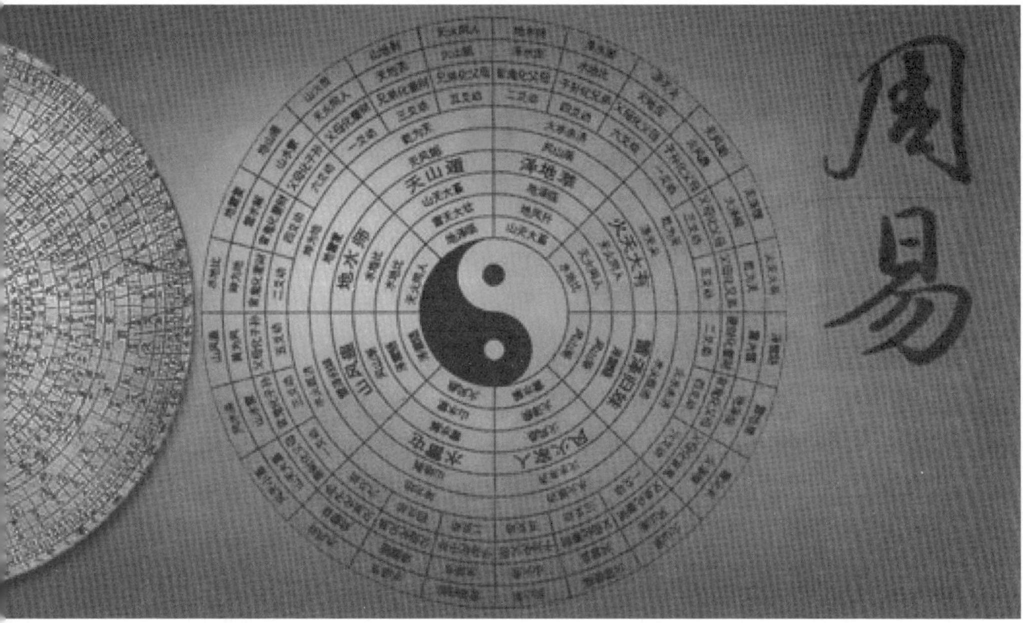

2-5.
升 ䷭巽下坤上

原文

升, 陽升陰, 而陰道凝盛, 未可便進漸之曰升, 升者進也. 卦雖陰而取象於陽, 故曰以陽用事.[內巽陰木陽也.]

譯

升은 陽이 陰위에 올라가 陰의 道가 엉기고 성대해져서 갑자기 나갈 수 없고 점차 가기 때문에 升이라 하였으니 升은 나가는 것이다. 卦는 비록 陰이지만 象은 陽에서 취했다. 그러므로 陽을 써서 작용한다.[內卦인 巽은 陰이고 木은 陽이다68).]

原文

與坤爲飛伏.[癸丑土, 庚午火.] 諸侯在世, 元士爲應候. 建庚辰至乙酉.[淸明秋分.] 積算起乙酉至甲申, 周而復始.[金水合木官見象定吉凶.] 五星從位起太陰.[太陰水星入卦取象.] 心宿入位降癸丑.[心宿入卦配土位.] 土下見木, 內外俱順動, 陰陽而長, 歲時人事配吉凶, 發乎動.[占歲時人事吉凶之兆見乎動] 易繫云, 吉凶悔吝生乎動. 氣候配象數位三十六.[分陰爻數, 分陽爻數.]

68) 內卦의 巽卦가 陰卦이지만 땅속의 나무가 자라나는 象을 취하였으므로 오르는 주체라는 뜻으로 볼 때 陽으로 볼 수 있다.

譯

坤卦와 飛伏의 관계이다.[癸丑土와 庚午火이다.] 諸侯가 世에 있고 元士가 諸侯에 應한다. 建은 庚辰에서 乙酉까지이다.[淸明에서 秋分까지이다.] 積算은 乙酉에서 일으켜 甲申에 이르니, 한 바퀴 돌아서 다시 시작한다.[金과 水가 木官과 합해[69] 象을 드러내고 吉凶을 정한다.] 五星은 자리를 따라 太陰에서 일으킨다.[太陰의 水星이 卦에 들어와 象을 취하였다.] 心宿가 자리에 들어 癸丑에 내려온다.[心宿가 卦에 들어와 土의 자리에 배분된다.] 土의 아래에 木이 나타나고, 內外가 모두 순하게 움직이고 음양이 길어지니, 歲時와 人事가 吉凶과 배합함은 움직임에서 발현된다.[歲時와 人事의 吉凶의 조짐은 움직임에서 나타난다.] 『주역』의 「계사전」에 "吉凶悔吝은 움직임에서 생한다."라고[70] 하였다. 氣候를 분배한 象數의 자리는 36이다.[陰爻의 數에 배분하고, 陽爻의 數에 배분한다.]

原文

自下升高, 以至於極, 至極而反, 以修善道而成其體.[合抱之木, 始於毫末.] 陰道革入陽爲坎, 水與風見井.[入井卦.]

譯

아래에서 위로 올라가 궁극에 이르고 궁극에 이르면 돌아와 善한 道를 닦아 그 몸체를 완성한다.[아름드리 나무도 작은 싹에서 시작한다.[71]] 陰의 道가 바뀌어 陽에 들어가 坎卦가 되니 水

---

69) 뜻이 분명하지 않다.
70) 「繫辭下傳」1장.

와 風이 井卦를 나타낸다.[井卦에 들어간다.]

71) 『老子』 64장.

2-6.
井 ䷯巽下坎上

原文

井, 陰陽通變, 不可革者井也. 井道以澄淸不竭之象, 而成於井之德也. 易云, 井者德之基, 又云往來井井, 見功也, 改邑不改井, 德不可渝也.[井道以澄淸見用爲功也. 井象德不可渝變也.]

譯

井卦는 陰陽이 변통함에 바꿀 수 없는 것이 우물이다. 우물의 道는 맑고 고갈되지 않는 象으로 井의 德에서 완성된다. 『주역』에 "井은 德의 터전이다."라고[72] 하였고 또 이르길 "가고 옴에 井井한다."라고[73] 하였으니 공을 나타냄이고 "읍을 고치되 우물은 고치지 못한다."라고[74] 하였으니, 德이 변하면 안 된다는 것이다.[井道는 맑고 깨끗하게 나타나 쓰이는 것을 功으로 삼는다. 井의 象과 德은 변해선 안 된다.]

原文

與坎爲飛伏.[戊戌土, 庚申金.] 九五處至尊, 應用見本象. 建辛巳至丙戌.[小滿寒露.] 積算起丙戌至乙酉, 周而復始.[火土入卦起算數.] 五星從位起歲星.[木星入卦東方用事.] 尾宿從位降戊戌.[尾宿配戊戌

---

72) 『주역』에는 덕의 땅이라 하여 '德之地'라고 하였다.
73) 井卦 卦辭.
74) 井卦 卦辭.

入卦宮.] 坎下見風, 險於前, 內外相資益於君.[井以德立君正民, 信德以其道也.] 賢人有位, 君子不孤, 傳曰德不孤必有隣.[六爻各處, 其務反覆, 陰陽變化, 各得其道也.] 氣候所象, 定數於二十八,[爻配陰陽分人事吉凶具見矣.]

譯

坎卦와 飛伏의 관계이다.[戊戌土와 庚申金이다.] **九五가 至尊의 자리에 거처하여 나타나 쓰이는 本象과 상응한다. 建은 辛巳에서 丙戌까지이다.**[小滿에서 寒露까지이다.] **積算은 丙戌에서 일으켜 乙酉에 이르니, 한 바퀴 돌아서 다시 시작한다.**[火와 土가 卦에 들어와 數를 일으켜 계산한다.] **五星은 자리를 따라 歲星에서 일으킨다.**[木星이 卦에 들어오니 東方에서 작용한다.] **尾宿가 자리를 따라 戊戌에 내려온다.**[尾宿가 戊戌에 배속되어 卦宮에 든다.] **坎卦의 아래 바람이 나타나 앞이 험한데, 內外가 서로 의지해서 임금을 유익하게 한다.**[井은 德으로 임금을 세우고 백성을 바르게 하니, 德을 신뢰함은 道로써 하기 때문이다.] **賢人이 자리가 있어 군자가 외롭지 않으니 글에 이르길 "德은 외롭지 않으니 반드시 이웃이 있다."라고 하였다.**[六爻가 각기 거처해서 그 일을 반복하면 陰陽의 變化가 각기 그 도리를 얻는다.] **氣候가 상징한 바로 數를 28에서 정한다.**[爻을 陰陽과 人事에 배분함에 吉凶이 모두 나타난다.]

原文

天地之數分於人事,[近取諸身, 遠取諸物.] 吉凶之兆定於陰陽. 陰生陽消, 陽生陰滅, 二氣交互, 萬物生焉. 震至於井, 陰陽代位, 至極則反, 與巽爲終, 退復於本. 故曰游魂爲大過.[降入大過卦.]

譯

天地의 수는 人事에서 나누어지고,[가까이는 몸에서 취하고, 멀리는 사물에서 취한다.[75]] **吉凶의 조짐은 陰陽에서 정해진다. 陰이 생하면 陽은 소멸하고 陽이 생하면 陰이 소멸하니 두 기운이 서로 사귀어 만물이 생한다. 震卦가 井卦에 이르러 陰陽이 자리를 교대하니, 극에 달하면 돌이켜 巽卦와 함께 마침이 되어 물러나 근본에 돌아온다. 그러므로 游魂이라 이르고 大過卦가 된다.**[내려가서 大過卦에 들어간다.]

75) 『주역』, 「계사전」.

2-7.
大過 ䷛巽下兌上

原文

大過, 陰陽代謝, 至於游魂. 繫云, 精氣爲物, 游魂爲變, 是故知鬼神之情狀. 互體象乾, 以金土定吉凶. 去本末, 取二五爲過之功.[大者相過.]

譯

大過卦는 陰陽이 번갈아가며 물러나 游魂에 이르렀다. 「계사전」에 이르길 "精氣가 물건이 되고 떠도는 혼이 변함이 되므로 鬼神의 실정을 안다."라고[76] 하였다. 互體가 乾卦의 象이며, 金과 土로 吉凶을 정한다. 本末을 제거하고 2효와 5효를 지나침의 공으로 삼는다.[큰 것이 서로 지나친다.]

原文

與坎爲飛伏.[丁亥水, 戊申金.] 降諸侯立元首, 元士居應上. 建丙戌至辛卯.[起元氣從丙戌至辛卯爲卦建, 建者則所生之位. 今立建起至辛卯, 取陰陽至位極處也. 寒露至秋分.] 積算起辛卯至庚寅, 周而復始.[土木入卦用事.] 五星從位起熒惑.[熒惑火星入卦.] 箕宿從位降丁亥.[箕宿配丁亥水合卦宮也.] 陰陽相盪, 至極則反, 反本及末於游魂. 分氣候三十六.[六爻極陰陽之數三十六五行分配定吉凶於積算.]

---

76) 「繫辭上傳」 4장.

譯

坎卦와 飛伏의 관계이다.[丁亥水와 戊申金이다.] 諸侯의 자리에 내려 元首를 세우고 元士가 거쳐해 위와 應한다. 建은 丙戌에서 辛卯까지이다.[元氣를 일으킬 때 丙戌에서 시작해서 辛卯에 이르러 卦建으로 삼으니 建이란 나오는 자리이다. 이제 建을 세워 일으켜 辛卯에 이르니 陰陽의 지극한 자리를 취한 것이다. 寒露에서 秋分까지이다.] 積算은 辛卯에서 일으켜 庚寅에 이르니, 한 바퀴 돌아서 다시 시작한다.[土와 木이 卦에 들어와 작용한다.] 五星은 자리를 따라 熒惑에서 일으킨다.[熒惑의 火星이 卦에 들어온다.] 箕宿가 자리를 따라 丁亥에 내려온다.[箕宿가 丁亥水와 卦宮에서 배합한다.] 陰陽이 서로 움직여 극에 이르면 돌아오니 游魂에서 근본에 돌아와 끝에 미친다. 기후를 분배함에 36이다.[六爻에 陰陽의 數를 지극히 하면 三十六이다. 五行을 分配하여 積算으로 길흉을 정한다.]

原文

陽入陰, 陰陽交互, 反歸於本曰歸魂. 降隨卦.[入澤雷隨卦.]

譯

陽이 陰에 들어가 음양이 서로 사귀니 돌이켜 근본에 돌아옴을 일러 歸魂이라 한다. 隨卦에 내려간다.[澤雷隨卦에 들어간다.]

2-8.
隨 ䷐震下兌上

原文

隨, 震象復本曰隨.[內見震也.] 內象見震曰本.[從震起至隨爲歸魂.] 純木用事.

譯

隨卦는 震卦의 象으로 근본에 돌아와 隨라고 하였다.[內卦에 震卦가 나타났다.] 內卦의 象에 震卦가 나타났기 때문에 '근본'이라 하였다.[震卦에서 일어나 隨卦에 이르러 歸魂이 된다.] 순전한 木이 작용한다.

原文

與巽爲飛伏.[庚辰土, 辛酉金.] 世立三公, 應宗廟. 建乙酉至庚寅.[秋分立春.] 積算起庚寅至己丑,[土木入卦氣算.] 周而復始.[吉凶定於算數爲準.] 五星從位起鎭星.[鎭星土入卦用事.] 計都從位降庚辰.[計都配庚辰土入卦分吉凶.] 氣候分數二十八.[定數於六位.] 六位雖殊吉凶, 象震進退隨時, 各處其位, 無差晷刻.

譯

巽卦와 飛伏의 관계이다.[庚辰土와 辛酉金이다.] 世에 三公을 세우고 宗廟와 相應한다. 建은 乙酉에서 庚寅까지이다. 積算은 庚寅에서 일으켜 己丑에 이르니,[土와 木이 卦에 들어와 기후를 계산한다.] **한 바퀴 돌아서 다시 시작한다.**[적산의 수를 기준으로 삼아 吉凶이 정해진다.] **五星은 자리를 따라 鎭星에서 일으킨다.**[鎭星의 土가 卦에 들어와 작용한다.] **計都가 자리를 따라 庚辰에 내려온다.**[計都가 庚辰土에 배합해 卦에 들어와 吉凶을 구분한다.] **氣候로 분배한 수는 28이다.**[여섯 자리에서 數를 정한다.] **여섯 자리가 비록 吉凶은 다르나, 진괘를 상징하여 때를 따라 진퇴하여 각기 그 자리에 거처함에 조그만 차이도 없다.**

原文

內外二象悅而動隨附於物, 係失在於六爻.[易云係丈夫失小子, 爻云係小子失丈夫, 此之謂也.] 吉凶定於起算之端, 進退見乎隨時之義. 金木交刑, 水火相敵, 休廢於時, 吉凶生焉. 震一君二民, 動得其宜.[震一陽二陰, 陽君陰民, 得其正也.] 本於乾而生乎震, 故曰長男. 陰陽升降爲八卦, 至隨爲定體, 資於始而成乎終, 坎降中男而曰坎. 互陽爻居中爲坎卦.

譯

內外의 두 象이 기뻐하며 움직여 물건에 따라 붙으니 메이고 잃음이 六爻에 있다. [『周易』에 이르길, "丈夫에 메이면 小子를 잃는다."라고[77] 하고, 爻辭에 이르길, "小子에 메이고 丈夫를 잃는다."라고[78] 한 것이 이를 이름이다.] **吉凶은 계산을 일으키는 단서에서 정해지고 進退는 때를 따르는 뜻에서 나타난다. 金과 木이 서로 刑하고, 水와 火가 서로 적대하니[79], 때에 따라 休하고 廢해**

---

77) 隨卦 六二 爻辭.
78) 隨卦 六三 爻辭.

서 吉凶이 생한다. 震卦는 한 임금에 두 백성으로, 움직임에 마땅함을 얻었다.[震卦는 一陽二陰으로 陽은 임금이며 陰은 백성으로 바름을 얻었다.] 乾卦에 근본해서 震에서 생해 長男이라 하였다. 陰과 陽이 升降해서 팔괘가 되는데 隨卦에 이르러 몸체를 정한다. 시작에 의뢰해서 끝에서 이루니 中男에 빠져 내려가서 坎이라 한다. 속의 陽爻가 가운데 거처하여 坎卦가 된다.

79) 金木交刑과 水火相敵은 상극관계를 나타낸 것이다.

3-1.
坎 ䷜坎下坎上

原文

坎, 積陰以陽處中, 柔順不能履重剛之險. 故以剛克柔而履險而曰陽. 是以坎爲屬中男, 分北方之卦也.

譯

坎卦는 陰이 쌓여져 그 가운데 陽이 거처하니, 柔順함으로 거듭 剛하고 險함을 밟을 수 없다. 그러므로 剛으로 柔를 이겨 險함을 밟음으로 陽이라고 하였다. 이 때문에 坎卦는 中男에 속하고 北方에 배분되는 괘이다.

原文

與離爲飛伏.[戊子水, 己巳火.] 世立宗廟, 居於陰位, 比近九五, 全於坎道, 遠於禍害. 三公居應, 亦爲陰暗, 成坎之德, 在於九五九二也.[內外居坎, 陽處中而爲坎主, 純陰得陽爲明臣得君而安其居也. 君得一作臣而顯其道也.] 建起戊寅至癸未.[大暑, 大雪.] 積算起癸未至壬午, 周而復始.[金水入卦本同宮, 氣候起算時日歲月吉凶.] 五星從位起太白.[太白金星入水宮.] 牛宿從位降戊子.[二十八宿從位八卦周而復始.] 歲數運數三十六.[配六位分陰陽三百五十六餘日四分之一分五行配運氣吉凶見矣.]

譯

離卦와 飛伏의 관계이다.[戊子水와 己巳火이다.] 世에 宗廟를 세우고 陰의 자리에 거처하여 九五에 가까우니 坎卦의 道를 온전히 하여 재앙과 해로움에서 멀다. 三公이 應에 거처하여 또한 陰으로 어두우니 坎卦의 德를 완성함은 九五와 九二에게 달려있다.[內外로 坎에 거처하여 陽이 中에 거처해 坎卦의 主人이 된다. 純陰이 陽을 얻었으니, 현명한 신하가 임금을 얻어 그 거처를 편안히 함이 된다. 어떤 본에는 "임금이 신하를 얻어 그 도를 드러낸다."라고 되어있다.] 建은 戊寅에서 癸未까지이다.[大暑에서 大雪까지이다.] 積算은 癸未에서 일으켜 壬午에 이르니, 한 바퀴 돌아 서 다시 시작한다.[金과 水가 卦의 근본에 들어오니 宮을 함께한다. 氣候로 時日歲月의 吉凶을 계산한다.] 五星은 자리를 따라 太白에서 일으킨다.[太白의 金星이 水宮에 들어온다.] 牛宿가 자리를 따라 戊子에 내려온다.[二十八宿는 자리를 따라 八卦를 한 바퀴 돌아 다시 시작한다.] 歲數의 運數는 36이다.[六位에 배분함에 陰陽으로 나누니, 356과[80] 남은 날이 1/40이다. 五行을 구분해 運氣에 배분하면 吉凶이 나타난다.]

原文

內外俱坎, 是重剛之位, 易曰, 坎陷也.[坎水能深陷于物. 處坎之險, 不可不習, 故曰習坎. 便習之習後, 可得履于險而不陷沒者, 不以剛履柔, 不能成坎之道也.] 震以陽居初, 能震動於物, 能爲動主.[乾生震一陽居於初, 震爲長男.] 坎以陽居中, 爲重剛之主, 故以坎爲險. 陽變陰成於險道, 今以陰變陽, 止於爲節.[次入于節卦.]

---

80) 365일로 해야 할 것이다.

譯

內外가 모두 坎卦인데 이는 거듭 剛한 자리이므로, 『주역』에 "坎卦는 빠지는 것이다."라고[81] 하였다.[坎의 물은 물건을 깊이 빠뜨릴 수 있다. 坎의 험함에 거처해 익히지 않을 수 없기 때문에 '習坎'이라고 하였다. 익히고 익힌 뒤에야 險함을 밟아도 빠지지 않으니, 剛으로 柔를 밟지 않으면 坎의 道를 완성할 수 없다.] 震卦는 陽이 맨 아래에 거처하여 물건을 진동하여 움직임의 주장이 된다.[乾이 震을 낳아 一陽이 맨 아래 거처하여 震은 長男이 된다.] 坎卦는 陽이 가운데 거처하여 거듭 강함의 주인이 되기 坎卦를 험하다고 하였다. 陽이 陰을 변화시켜 險한 道를 이루었는데 지금 陰이 陽으로 변해 節卦가 되어 그친다.[다음에 節卦에 들어간다.]

81) 坎卦 「彖傳」.

3-2.
節 ䷻兌下坎上

原文

節, 水居澤上, 澤能積水, 陽止於陰, 故爲節, 節者止也. 陰陽盪而積實居中, 悅內而險於前, 陰陽進退, 金水交運.

譯

節卦는 물이 못 위에 있어 못이 물을 저장하고 陽이 陰에 그쳐있기 때문에 節卦가 되는데, 節은 그치는 것이다. 陰陽이 움직여 실질을 쌓아 가운데 거처하니 안은 기쁘고 앞은 험하며 陰陽이 進退함에 金과 水가 사귀며 움직인다.

原文

與兌爲飛伏.[丁巳火, 戊寅木.] 元士立元首, 見應諸侯.[金火受其氣納到內.] 建起甲申至己丑.[爲本身節氣立秋大寒.] 積算起己丑至戊子, 周而復始.[金水坎, 火運入卦雜定吉凶.] 五星從位起太陰.[太陰屬水, 入卦用事.] 女宿從位降丁巳.[配象入積算.] 金上見水, 本位相資, 二氣交爭, 失節卽差. 易云, 不節若, 則嗟若. 分氣候二十八.[積算起數二十八.]

譯

兌卦와 비복의 관계이다.[丁巳火와 戊寅木이다.] 元士가 元首에 서 있고, 應인 諸侯가 나타난다.[金과 火가 그 氣를 받아 안으로 용납한다[82].] **建은 甲申에서 己丑까지이다.**[본 괘의 節氣는 立秋에서 大寒까지이다.] **積算은 己丑에서 일으켜 戊子에 이르니, 한 바퀴 돌아서 다시 시작한다.**[金과 水의 坎卦와 火運이 卦에 들어와 섞여서 吉凶을 정한다. 五星은 자리를 따라 太陰에서 일으킨다.[太陰은 水에 속하며 卦에 들어와 작용한다.] **女宿가 자리를 따라 丁巳에 내려온다.**[배속된 상이 積算에 들어온다.] **金 위에 물이 나타나 본래 자리에서 서로 의지하나 두 기운이 서로 다투어 절도를 잃으면 어긋난다. 『주역』에 "절도를 지키지 못하면 탄식한다."라고[83] 하였다. 氣候를 분배함에 28이다.**[積算으로 數를 일으킴에 28이다.]

原文

中男入兌少女, 分盪入陰. 中位見陽, 升降見長男, 次入水雷屯.[是則節儉入陽盪九二爻體歸於陽之入屯卦.]

譯

中男이 兌卦 소녀에 들어가 나누어 움직여 陰 가운데 들어간다. 가운데 자리에 陽이 나타나 升降함에 長男을 나타내니, 다음에 水雷屯卦에 들어간다.[이는 節의 儉함이 陽에 들어가 九二爻의 몸체를 움직여서 陽으로 돌아가 屯卦에 들어간다.]

---

82) 金과 火는 丁巳 火와 兌金을 말한다.
83) 節卦, 六三爻辭.

3-3.
屯 ䷂震下坎上

原文

屯, 內外剛長, 陰陽升降, 動而險. 凡爲物之始, 皆出先難後易. 今屯則陰陽交爭, 天地始分, 萬物萌兆, 在於動難, 故曰屯.[水在雷上, 如雲雷交作, 天地草昧, 經綸之始, 無出於此也.] 故易曰, 屯如邅如, 乘馬班如, 泣血漣如.[屯難之際, 盤桓不進之貌.] 難定乃通, 易云, 女子貞不字, 十年乃字.[字愛也, 時通則道亨, 合正匹也.] 土木應象見吉凶.

譯

屯卦는 內外에 剛이 자라고 陰陽이 升降하며 움직이면서 험하다. 무릇 만물의 始生은 모두 나올 때 먼저는 어렵고 뒤에는 쉽다. 지금 屯卦는 陰陽이 서로 다투고 天地가 처음으로 나뉘어 만물이 싹트는 조짐이 어렵게 움직이는데 있기 때문에 屯이라고 하였다.[물이 우레 위에 있어 마치 구름과 우레가 사귀며 일어나는 것과 같다. 天地의 시초와 經綸의 시작이 이것에서 벗어나지 않는다.] 그러므로 『주역』에 이르길 "어려우며 머뭇거리며, 말을 탔다가 내리며 피눈물이 줄줄 흐른다."라고[84] 하였다.[어려운 즈음에 머뭇거리며 나아가지 못하는 모습이다.] 어려움이 안정되면 이내 통하니 『주역』에 이르길 "여자가 곧아서 시집가지 않다가 10년 만에 시집간다."라고[85] 하였다.[字는 사랑이다. 때가 통하면

84) 屯卦, 上六爻辭.
85) 屯卦, 六二爻辭.

도가 형통하니 바른 짝과 합한다.] 土와 木이 象에 상응해서 吉凶을 나타낸다.

原文

與震爲飛伏.[庚寅木, 戊辰土.] 世上見大夫, 應至尊. 陰陽得位, 君臣相應, 可以定難於草昧之世. 建乙酉至庚寅.[秋分, 立春.] 積算起庚寅至己丑, 周而復始.[土木配本宮起積算.] 五星從位起歲星.[木星入卦.] 虛宿從位降庚寅.[虛宿入六二庚寅位.] 分氣候三十六.[定吉凶之數.]

譯

震卦와 비복의 관계이다.[庚寅木과 戊辰土이다.] 世 위에 大夫가 나타나 至尊에 應한다. 陰陽이 자리를 얻고 君臣이 相應하여 초창기 세상의 어려움을 안정시킬 수 있다. 建은 乙酉에서 庚寅까지이다. 積算은 庚寅에서 일으켜 己丑에 이르니 한 바퀴 돌아서 다시 시작한다.[土와 木이 本宮에 배속되어 積算을 일으킨다.] 五星은 자리를 따라 歲星에서 일으킨다.[木星이 卦에 들어온다.] 虛宿가 자리를 따라 庚寅에 내려온다.[虛宿가 六二爻 庚寅의 자리에 들어온다.] 기후를 분배함에 36이다.[吉凶을 정하는 數이다.]

原文

陽適陰入中女, 子午相敵, 見吉凶.[動入離象見旣濟.]

譯

陽이 陰으로 가서 中女에 들어가, 子午가 서로 대적하여86) **길흉을 나타낸다.**[움직여 離卦의 象에 들어가서 旣濟卦를 나타낸다.]

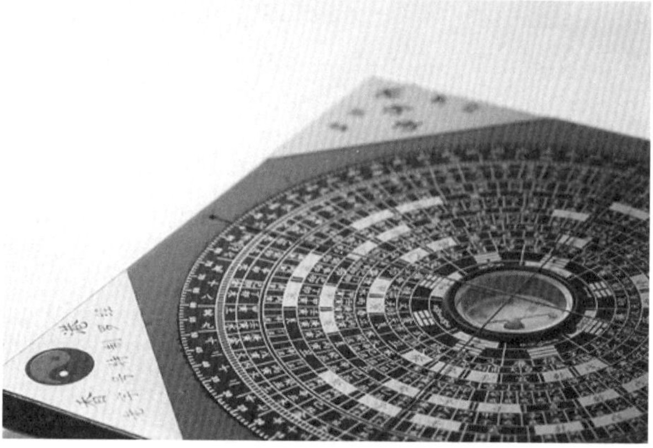

86) 坎卦은 子 離卦는 午의 위치에 있다.

3-4.
旣濟 ䷾離下坎上

原文

旣濟, 二氣無衝, 陰陽敵體. 世應分君臣, 剛柔得位曰旣濟,[離坎分子午, 水上火下, 性相交敵, 不間隔, 是曰旣濟也.]

譯

旣濟는 두 기운이 충돌함이 없으며 陰陽이 몸을 대적하고 있다. 世와 應은 임금과 신하로 나뉘고, 剛柔가 자리를 얻음을 旣濟라 한다.[離와 坎은 子午로 구분되고, 水가 위에 있고 火는 아래에 있어, 성질과 형상이 서로 대적해 間隔이 없으니 이를 旣濟라 한다.]

原文

與離爲飛伏.[己亥水, 戊午火.] 世上見三公, 應上見宗廟. 內外陰陽相應, 坎離相納. 上下交,[坎水潤下, 離火炎上, 二氣相交爲旣濟.] 五行相配. 吉凶麗乎爻象.[吉凶之兆見乎爻象.] 建丙戌至辛卯.[寒露春分.] 卦氣分節侯, 始丙戌受氣, 至辛卯成正象. 考六位, 分剛柔, 定吉凶. 積算起辛卯至庚寅, 周而復始.[土木見運入卦.] 五星從位起熒惑.[熒惑火星入卦.] 危宿從位降己亥.[危宿入己亥.] 分氣候二十八.[定六爻之類, 考吉凶之兆.]

譯

離卦와 비복의 관계이다.[己亥水와 戊午火이다.] 世에 三公이 나타나고, 應에 종묘가 나타난다. 內外로 陰陽이 相應하고 坎離가 서로 받아들여 上下가 사귀며,[坎水는 적시면서 흐르고 離火는 타올라 二氣가 서로 사귀어 旣濟가 된다.] 五行이 서로 배합한다. 吉凶은 爻象에 달려있다.[吉凶의 조짐은 爻象에서 나타난다.] 建은 丙戌에서 辛卯까지이다.[寒露에서 春分까지이다.] 卦氣로 절후를 분배함에 丙戌에서 시작해서 氣를 받아 辛卯에 이르러 바른 象을 이룬다. 여섯 자리를 살피어 剛柔를 나누고 吉凶을 정한다. 積算은 辛卯에서 일으켜 庚寅에 이르니, 한 바퀴 돌아서 다시 시작한다.[土와 木이 나타나 움직여 卦에 들어간다.] 五星은 자리를 따라 熒惑에서 일으킨다.[熒惑의 火星이 卦에 들어온다.] 危宿가 자리를 따라 己亥에 내려온다.[危宿가 己亥에 들어온다.] 기후를 분배함에 28이다.[六爻의 종류를 정해서 길흉의 조짐을 살핀다.]

原文

坎入兌爲積陰. 二象分俱陰. 上下反覆, 卦變革.[坎入革, 六四盪之入陽變體爲陰也.]

譯

坎卦가 兌卦에 들어가 陰을 쌓은 것이 되니 두 卦象을 구분하면 모두 陰이다. 올라가고 내려오길 반복하여 괘가 革卦로 변한다.[坎이 革으로 들어가는데, 六四가 움직여 陽에 들어가 卦體가 변해 陰이 된다.]

3-5.
革 ䷰離下兌上

原文

革, 二陰雖交, 志不相合. 體積陰柔, 爻象剛健, 可以變革. 兌上離下,[中虛] 務上下積陰, 變改之兆, 成物之體. 故曰革. 易云, 君子豹變, 小人革面.

譯

革은 두 陰이 서로 사귀지만 뜻이 서로 합하지 않는다. 卦體의 쌓임은 陰柔하고 卦爻의 象은 剛健하니 변혁할 수 있다. 兌卦가 上卦이고 離卦가 下卦로,[中이 비어있다.] 上下에서 陰을 쌓는데 힘쓰니 변화와 개혁의 조짐이며, 사물을 이루는 卦體이므로 革이라 한다. 『주역』에 이르길 " 君子는 표범처럼 변하고 小人은 낯빛만 바꾼다."라고[87] 하였다.

原文

與兌爲飛伏.[丁亥水 , 戊申金] 諸侯當世, 見元士. 九五六二爲履正位. 天地變革, 人事隨而更也.[更者變也.] 建始丁亥至壬辰.[小雪至清明.] 水土配位.[土水入卦] 積算起壬辰至辛卯, 周而復始. 五星從位起鎭星.[土星入卦.] 室宿從位降丁亥.[二十八宿 , 室宿入卦 , 革丁亥上.] 分氣候三十六, 其數起元首.[分陰陽之象數, 吉凶生矣.]

---

87) 革卦, 上六爻辭.

譯

태괘와 비복의 관계이다.[丁亥水와 戊申金이다.] 諸侯가 世에 해당하고 元士를 본다. 九五와 六二가 바른 자리를 밟고 있다. 천지가 변혁하니 人事는 따라서 고친다.[고침은 變革이다.] 建은 丁亥에서 시작해서 壬辰까지이다.[小雪에서 淸明까지이다.] 水와 土가 자리에 배속된다.[土와 水가 괘에 들어온다.] 積算은 壬辰에서 일으켜 辛卯에 이르니, 한 바퀴 돌아서 다시 시작한다. 五星은 자리를 따라 鎭星에서 일으킨다.[土星이 卦에 들어온다.] 室宿가 자리를 따라 丁亥에 내려온다.[28수는 室宿가 卦에 들어와 丁亥와 土를 변혁한다.] 氣候를 분배함에 36이니, 그 수는 첫 머리에서 일으킨다.[陰陽의 象數를 구분함에 吉凶이 생한다.]

原文

上金下火. 金積水而爲器.[器能盛納於物.] 火變生而爲熟, 生熟稟氣於陰陽. 革之於物, 物亦化焉.[五行類五色, 五色類萬物. 稟和氣, 氣即順. 剛即逆, 逆即反, 反即敗.] 易云巳日乃孚, [孚猶信也.] 陰陽更始, 動以見吉凶,[震主動也] 動以柔當位, 剛會之光大. 革變於豊[外卦兌入震, 爲豐卦.]

譯

上卦는 金이고 下卦는 火이다. 金은 물을 저장하니 그릇이 된다.[그릇은 물건을 받아들일 수 있다.] 불은 날것을 변화시켜 익히니, 날것과 익힌 것은 陰陽에서 기운을 받는 것이다. 물건을 변혁하면 물건도 따라서 변화한다.[五行으로 五色을 분류하고, 五色으로 萬物을 분류한다. 조화로운 기운을 받으면 기운이 順하다. 剛하면 거스르고, 거스르면 뒤집어지고 뒤집어지면 실패한다.] **『주역』에 이르길, "이미 날이 되어야 믿음이 있다.'라고**[88] **하였다. 陰陽이 다시 시작해 움직임으로써 길흉을 나타난다.**[震은 움직임을 주장한다.] **움직이는데 柔는 자리에 마땅하고 剛은 광대함을 만나니 革이 변해 豊이 된다.**[外卦인 兌가 震에 들어가 豐卦가 된다.]

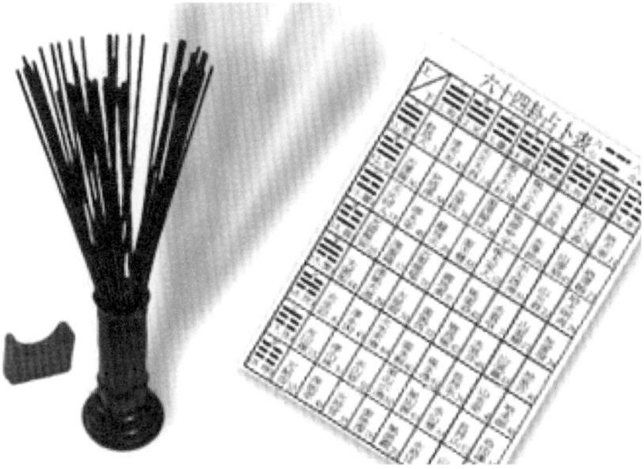

88) 革卦, 卦辭.

3-6.
豊 ䷶離下震上

原文

豊, 雷火交動, 剛柔散氣, 積則暗, 動乃明. 易云, 豊其屋, 蔀其家, 闚其戶, 闃其無人, 三歲不覿, 乃凶.[上六積暗而動凶, 之於上反下, 見陰之兆.] 火木分象, 配於積陰.

譯

豊卦는 우레와 불이 사귀어 움직이고 剛柔가 기운을 흩으니 쌓이면 어둡고 움직이면 밝다. 『주역』에 이르길, “그 건물을 풍대하게 하고 그 집을 덮었다. 문틈으로 엿보니 고요히 아무도 없어 3년 동안 보이지 않으니 흉하다.”라고[89] 하였다. [上六은 어둠이 쌓여 움직여 흉하며 위로 가서 아래로 돌아와 陰의 조짐을 나타낸다.] 불과 나무로 象을 구분하고 축적된 陰과 배합한다.

原文

與震爲飛伏.[庚申金 , 戊戌土.] 陰處至尊爲世, 大夫見應. 君臣相暗, 世則可知, 臣强君弱, 爲亂世之始. 建始戊子至癸巳.[大雪至小滿.] 雷與火震動曰豊, 宜日中. 夏至積陰生. 豊當正應, 吉凶見矣. [日中也.] 積算起癸巳至壬辰, 周而復始.[火土起算.] 五星從位起太白.[太白金星入卦.] 壁宿從位降庚申.[壁宿入坎至豊 , 庚申入土] 分氣候二十八. [積算定六位 , 起數二十八]

---

89) 豊卦, 上六爻辭.

譯

震卦와 飛伏의 관계이다.[庚申金과 戊戌土이다.] 陰이 지존의 자리에 거처해 世가 되고 大夫가 應한다. 君臣이 서로 어두우니 세상은 알만한데, 신하가 강하고 임금이 약하니 난세의 시작이다. 建은 戊子에서 시작해서 癸巳까지이다.[大雪에서 小滿까지이다.] 우레와 번개가 진동함을 豊이라 한다. 마땅히 해가 중천에 있는 것처럼 해야 한다. 夏至에 축적된 음이 생한다. 豊은 마땅히 바르게 호응해야 하니 吉凶이 나타난다.[해가 중천에 있다.] 積算은 癸巳에서 壬辰에 이르니, 한 바퀴 돌아서 다시 시작한다.[火와 土로 계산을 일으킨다.] 오성은 자리를 따라 太白에서 일으킨다.[太白의 金星이 卦에 들어온다.] 壁宿가 자리를 따라 庚申에 내려온다.[壁宿가 坎에 들어와 豐에 이르고 庚申이 土에 들어온다.] 기후를 분배함에 28이다.[積算으로 六位를 정하여, 數를 일으킴에 28이다.]

原文

上木下火, 氣稟純陽. 陰生於內, 陽氣雜, 正性潰, 亂極乃反爲游魂, 入積陰.[震入坤也.] 陰陽升降, 反歸於本. 變體於有無, 吉凶之兆, 成見於有, 或見於無. 陰陽之體, 不可執一爲定象. 於八卦陽盪陰, 陰盪陽, 二氣相感而成體, 或隱或顯. 故繫云, 一陰一陽之謂道.[一者, 道也.] 外卦震降陰入明夷.[次入明夷卦.]

譯

上卦는 木이고 下卦는 火로 氣稟이 순전한 陽이다. 陰이 내부에서 생하여 陽氣와 섞이면 바른 성품이 무너지고 어지러워 짐이 극에 다다라, 돌이켜 遊魂이 되어 축적된 陰에 들어간다. 陰陽이 升降하면서 다시 근본에 돌아간다. 형체를 有無로 변화시키니, 吉凶의 조짐이 혹 有에서 나타나고 혹은 無에서 나타난다. 陰陽의 본체는 일정한 것으로 집착해서 정해진 象을 만들면 안 된다. 八卦에 있어서 陽이 陰으로 변하고 陰이 陽으로 변해서 두 기운이 서로 느껴 형체를 이루니 혹은 숨고 혹은 드러난다. 그러므로 「계사전」에 이르길, "한번은 陰이 되고 한번은 陽이 됨을 道라 이른다."라고[90] 하였다.[一은 道이다.] 外卦인 震이 陰으로 내려와서 明夷卦에 들어간다.[다음으로 明夷卦에 들어간다.]

90) 「繫辭上傳」 5장.

3-7.
明夷 ䷣離下坤上

原文

明夷, 積陰盪陽, 六位相傷. 外順而隔於明, 處暗不分, 傷於正道曰明夷.[夷者,傷也] 五行升降, 八卦相盪, 變陽入純陰.[春夏之秋冬也.]

譯

陰氣가 쌓여서 陽氣를 움직이니 여섯 자리가 서로 해친다. 外卦는 順한데 밝음과 격리되어 어둠에 거처해 있어 分明치 않아, 바른 도리를 해치기 때문에 明夷라고 하였다.[明夷는 해치는 것이다.] 五行이 升降을 하고 八卦가 서로 움직여서 陽을 변화시켜 순전한 陰으로 들어간다.[봄 · 여름에서 가을 · 겨울로 간다.]

原文

陰道危, 陽道安, 故與震爲飛伏.[癸丑土,庚午火.] 傷於明而動乃見志.[震,動也.] 退位入六四, 諸侯在世, 元士爲應. 君暗臣明, 不可止.[箕子與紂也.] 建起六四癸巳至戊戌.[遊魂及六四爻數起,小滿至寒露.] 積算起戊戌至丁酉, 周而復始.[土金入卦起算數.] 五星從位起太陰.[太陰水星入卦.] 奎宿從位降癸丑.[奎宿入明夷, 配六四癸丑土上.] 分氣候三十六.[三十六數入卦, 起算推吉凶.]

譯

陰의 道는 위태하고 陽의 道는 편안하기 때문에 震卦와 飛伏의 관계이다.[癸丑土와 庚午火이다.] 밝음을 해치며 움직이면서 뜻을 나타낸다.[震卦는 움직임이다.] 자리는 물러나서 六四에 들어가니, 諸侯가 世에 있고 元士가 應이 된다. 임금이 어두워 신하가 밝아도 저지하지 못한다.[箕子가 紂와 함께한다.] 建은 六四의 癸巳에서 시작해서 戊戌까지이다.[遊魂괘이므로 六四爻에서 數를 일으키니, 小滿에서 寒露까지이다.] 積算은 戊戌에서 일으켜 丁酉에 이르니, 한 바퀴를 돌아서 다시 시작한다.[土와 金이 괘에 들어와 數를 일으켜 계산한다.] 五星은 자리를 따라서 太陰에서 일으킨다.[太陰의 水星이 괘에 들어온다.] 奎宿가 자리를 따라 癸丑에 내려온다.[奎宿가 明夷卦에 들어와 六四의 癸丑土에 배분된다.] 氣候를 분배함에 36이다.[36수가 卦에 들어와 계산을 해서 吉凶을 살핀다.]

原文

地有火. 明於內, 暗於外. 當世出處, 爲衆所疑之所及傷於明. 易曰, 三日不食, 主人有言. 陰陽進退, 金水見火, 氣不相合. 六位相盪, 四時運動, 靜乃復本, 故曰游魂.[以本宮八卦,相蕩六位推遷也.] 次降歸魂入師卦.

譯

땅에 불이 있어서 안은 밝고 밖은 어둡다. 이런 시대를 당해서 처세함에 모든 이들의 의심이 자기에게 쏠려서 도리어 밝음을 해친다. 『주역』에 이르길, "3일 동안 먹지 않아 主人이 말을 한다."라고[91] 하였다. 음양이 進退를 함에 金과 水가 火

를 만나 기운이 서로 합치되지 않는다. 여섯 자리가 서로 움직이고 四時가 운행하여 고요하게 되면 근본으로 돌아가기 때문에 遊魂이라고 하였다.[本宮의 팔괘에서 여섯 자리를 서로 움직이면서 밀치며 옮긴다.] 다음으로 歸魂卦인 師卦에 들어간다.

91) 明夷卦, 初九爻辭.

3-8.
師 ䷆坎下坤上

原文

師, 變離入陰, 傷於正道, 復本歸坎, 陽在其中矣.[內卦坎爲本宮.] 處下卦之中, 爲陰之主, 利於行事. 易云, 師者衆也. 衆陰而宗於一陽, 得其貞正也.

譯

師는 離卦로 변하여 陰에 들어가 바른 道를 해쳤는데, 근본이 되는 坎卦로 돌아오니 陽이 그 가운데 있다.[內卦인 坎卦가 本宮이다.] 下卦의 가운에 있으면서 陰의 주인이 되니 군사를 행함이 이롭다.『주역』에 이르길, "師는 무리이다."라고92) 하였다. 모든 陰이 한 陽을 높이니 그 곧고 바름을 얻은 것이다.

原文

與離爲飛伏.[離入坎也.] 陰陽相薄, 剛柔遷位.[戊午火,己亥水.] 世主三公, 應爲宗廟. 建始壬辰至丁酉.[清明至秋分.] 積算起丁酉至丙申, 周而復始.[金火入卦起算.] 五星從位起歲星.[歲星木入卦.] 婁宿從位降戊午.[婁宿入坎卦歸魂六三爻.] 分氣候二十八.[起算入卦吉凶.]

---

92) 師卦 「象傳」,「序卦傳」.

譯

離卦와 비복의 관계이다.[離卦가 坎卦에 들어있다.] 陰陽이 서로 부딪쳐 剛柔가 자리를 옮긴다.[世는 戊午火이고 應은 己亥水이다.] 世는 三公이 주장하고 應은 종묘가 된다. 建은 壬辰에서 丁酉까지이다.[淸明에서 秋分까지이다.] 積算은 丁酉에서 丙申에 이르니, 한 바퀴 돌아서 다시 시작한다.[金과 火가 괘에 들어와 계산을 일으킨다.] 五星은 자리를 따라 歲星에서 일으킨다.[歲星의 木이 괘에 들어온다.] 婁宿가 자리를 따라 戊午에 내려온다.[婁宿가 坎卦의 歸魂인 六三爻에 들어온다.] 기후를 분배함에 28이다.[계산을 일으켜 卦의 길흉에 대입한다.]

原文

地下有水, 復本位. 六五居陰處陽位, 九二貞正, 能爲衆之主, 不潰於衆. 易云, 師貞丈人吉. 入卦始於坎, 陰陽相盪, 反歸於極, 則歸本坎中男.[陽居九二, 稱中男.] 升降得失, 吉凶悔吝, 策於六爻, 六爻之設出於蓍, 蓍之得象而卦生. 積算起於五行, 五行正則吉, 極則凶. 吉凶之象, 顯於天地人事日月歲時. 坎之變於艮, 艮爲少男, 少男處卦之末爲極也.[震一陽居初爻, 坎二陽處中, 艮三陽處卦之末. 故曰陽極爲少男, 又云止也.] 次入艮卦.

譯

땅 아래 물이 있어 본래 자리로 돌아왔다. 六五는 陰인데 陽의 자리에 거처하고, 九二는 곧고 바르게 해서 무리의 주인이 될 수 있어 무리를 무너트리지 않는다. 『주역』에 이르길, "師는 바르니 丈人이 吉하다."라고[93] 하였다. 괘에 들어오기를

坎卦에서 시작하여 陰陽이 서로 움직여 궁극에 돌이켜 돌아오면 근본인 坎卦의 中男으로 돌아온다.[陽이 九二에 있는 것을 中男이라 부른다.] 升降得失과 吉凶悔吝은 六爻에서 헤아려지고, 六爻의 베풂은 蓍草에서 나오는데 蓍草로 象을 얻으면 卦가 나온다. 積算은 五行에서 일으키는데 五行이 바르면 吉하고 궁극에 이르면 凶하다. 吉凶의 象은 天地와 人事와 日月와 歲時에 드러난다. 坎卦가 艮卦로 변하는데 艮卦는 少男이며, 少男은 卦의 끝에 있으니 궁극이 된다.[震卦는 한 양이 初爻에 있고, 坎卦는 두 번째 陽이 가운에 있고, 艮卦는 세 번째 陽이 괘의 끝에 있다. 그러므로 陽이 궁극에 있으면 少男이 된다고 하였고 그친다고 하였다.] 다음에 艮卦에 들어간다.

93) 師卦 卦辭.

4-1.
艮 ䷳艮下艮上

原文

艮, 乾分三陽爲長中少, 至艮爲少男, 本體屬陽, 陽極則止, 反生陰象. 易云, 艮止也. 於人爲手, 爲背. 取象爲山, 爲石, 爲門, 爲狗. 上艮下艮二象. 土木分氣候.

譯

艮卦는 乾卦가 세 陽으로 나뉘어 長男·中男·少男이 되는데 艮卦에 이르면 少男이 된다. 본체는 陽에 속해있지만 陽이 극에 이르러 그쳐서 도리어 陰을 生하는 象이다. 『周易』에 이르길, “艮卦는 그침이다.”라고[94] 하였다. 사람에 있어서는 손이 되고 등이 된다. 물상에서 취함에 산이 되고 돌이 되고 문이 되고 개가 된다. 上卦도 艮卦이고 下卦도 艮卦인 두 象으로 이루어졌다. 土와 木으로 氣候를 분배한다.

原文

與兌爲飛伏.[丙寅木, 丁未土. 爲少男取少女相配.]世上見宗廟, 三公爲應. 陰陽遷次, 長幼分形. [乾三生男, 將至艮 , 極少. 長分形, 長中分之爲建也.] 庚寅至乙未,[立春至大暑.] 陰長陽極, 升降六位, 進退順時, 消息盈虛. 積算起庚寅至己丑, 周而復始.[木土入卦.] 五星從位起熒惑,[熒惑火星入卦.] 胃宿從位降丙寅.[胃宿入卦分位.]

94) 『周易』,「說卦傳」.

分數位三十六.[配位六卦分吉凶.]

譯

兌卦와 비복의 관계이다. [丙寅木과 丁未土이다. 少男이 少女를 취해 서로 배합한다.] 世위에 宗廟가 있고 三公이 應이 된다. 음양이 차례로 옮겨 長幼로 형상을 나눈다. [乾卦가 세 번 구해서 남자를 낳아 艮卦에 이르면 지극히 적다. 큰 것이 형상을 나누어, 큰 것 가운데서 나뉘었으니 굳건하다.] 庚寅에서 乙卯까지이다.[立春에서 大暑까지이다] 陰이 자라나고 陽이 지극해져 여섯 자리를 升降하며 나가고 물러남을 때에 따라 하며 줄어들고 자라나며 차고 비운다. 積算은 庚寅에서 己丑에 이르니, 한 바퀴 돌아서 다시 시작한다. [木과 土가 卦에 들어온다.] 五星은 자리를 따라 熒惑에서 일으킨다.[熒惑 火星이 괘에 들어온다.] 胃宿가 자리를 따라 丙寅에 내려온다.[胃宿가 괘에 들어와 자리를 분배한다.] 數를 분배한 자리가 36이다. [자리에 배분된 6괘로 길흉을 나눈다.]

原文

金木相敵. 升降以時. 艮止於物, 背於物. 易云, 時止則止, 時行則行. 剛極陽反陰長, 積氣止於九三. 初六變陽, 取其虛中, 文明在內成於賁. 次降入賁卦.

譯

金과 木이 서로 대적하며 升降을 때에 따라 한다. 艮은 사물에 그침이고 사물을 등짐이다. 『주역』에 이르길, "때가 그칠 때면 그치고 때가 행할 때면 행한다."라고[95] 하였다. 剛함이

極에 다다르면 陽이 반전하여 陰이 자라니 기운이 쌓여 九三에 이른다. 初六이 陽으로 변하면 그 가운데가 빈 것을 취하니 文明함이 내부에 있어 賁를 이룬다. 다음으로 내려와서 賁卦에 들어간다.

95) 艮卦 「象傳」.

4-2.
賁 ䷕下離上艮

原文

賁, 泰取象, 上六柔來反剛, 九二剛上文柔, 成賁之體, 止於文明. 賁者飾也, 五色不成謂之賁, 文彩雜也. 山下有火, 取象文明. 火土分象.

譯

賁는 泰괘에서 象을 취하였으니 上六의 柔가 와서 剛을 되돌리고, 九二의 剛이 올라가 柔를 꾸며서, 賁의 卦體를 이루어 문명함에 그친다. 賁는 꾸민다는 의미인데 五色이 이루어지지 않음을 賁라 하니 문채가 뒤섞인 것이다. 산 아래 불이 있어 문명한 상을 취했다. 火와 土로 象을 분배한다.

原文

與離爲飛伏. [己卯木 , 丙辰土.] 世立元士, 六四諸侯在應. 陰柔居尊, 文柔當世, 素尙居高, 侯王無累. 易云, 賁于丘園, 束帛戔戔. 建辛卯至丙申.[春分至立秋.] 積算起丙申至乙未, 周而復始.[金土入卦起算.] 五星從位起鎭星.[鎭星入卦.] 昴宿從位降己卯.[昴宿配賁卦初九陽位起算.] 分氣候二十八. [起六位五行算吉凶.]

譯

離卦와 飛伏의 관계이다.[己卯木과 丙辰土이다.] 世는 元士의 자리에 서있고 六四의 諸侯가 應에 있다. 陰柔함으로 높은 곳에 있고 부드럽게 꾸며주며, 세상을 맡아 소박함을 숭상하며 높은 곳에 있으니, 王侯로서 심려를 끼치지 않는다. 『周易』에 "언덕에서 꾸밈이니 비단묶음이 적다."라고[96] 하였다. 建은 辛卯에서 丙申까지이다.[春分에서 立秋까지이다.] 積算은 丙申에서 乙未에 이르니, 한 바퀴 돌아 다시 시작한다.[金과 土가 卦에 들어와 계산을 일으킨다.] 五星은 자리를 따라 鎭星에서 일으킨다.[鎭星이 괘에 들어온다.] 昴宿가 자리를 따라 己卯에 내려온다. [昴宿가 賁卦의 初九에 배분되어 陽의 자리에서 계산을 일으킨다.] 氣候를 분배함에 28이다.[六位의 五行으로 吉凶을 계산한다.]

原文

土火木分陰陽. 相應爲敵體. 上九積陽素尙, 全身遠害, 貴其正道, 起於潛, 至於用九. [假乾初上爲喻也.] 陰陽升降, 通變隨時, 離入乾, 將之大畜. 次降六二中虛爲三連, 入大畜卦.[陰消陽長.]

譯

土와 火와 木으로 분배한다. 서로 호응함으로 대적하는 몸체를 삼는다. 上九는 陽이 쌓여 소박함을 숭상해서 몸을 온전히 하여 피해가 없으니 바른 道를 귀하게 여긴 것이다. 潛龍에서 일으켜 用九에 이른다.[乾卦 初九와 上九로 비유한 것이다.] 陰陽이 升降하며 때에 따라 通變하여 離卦가 乾卦에 들어가면 장차 大畜이 된다. 다음으로 六二의 中이 虛한 것이 三連이 되어 大畜卦에 들어간다.[陰이 줄어들고 陽이 자라난다.]

96) 賁卦, 六五 爻辭.

4-3.
大畜 ☶乾下艮上

原文

大畜, 陽長陰消, 積氣凝盛. 外止內健, 二陰猶盛, 成于畜義. 易云, 既雨旣處. 畜消時行, 陽未可進. 取於下卦, 全其健道, 君子以時順其吉凶.

譯

大畜은 陽이 자라고 陰이 줄어들어 쌓인 기운이 성대히 응집된다. 밖으로 그치고 안으로 강건하며 두 陰이 오히려 성대하니 쌓는 뜻을 이룬다. 『주역』에 "이미 비가 오고 이미 그쳤다."라고[97] 하였다. 쌓이고 줄어듦을 때에 맞게 행하니 陽이 아직 나아갈 수 없다. 下卦에서 취하여 강건한 道를 온전히 하니 군자는 때를 써서 길흉을 따른다.

原文

與乾爲飛伏.[甲寅木,丙午火.] 建始壬辰至丁酉.[清明至秋分.] 積算起丁酉至丙申, 周而復始.[金土入卦分吉凶起算.] 五星從位起太白.[太白金星入卦推吉凶.]畢宿從位降甲寅.[畢宿入大畜九二甲寅上.] 九二大夫應世, 應六五爲至尊, 陰陽相應. 以柔居尊,[缺] 爲畜之主. 分氣候二十八.[極陰陽之象, 定吉凶之兆.]

---

97) 小畜卦 上九 爻辭.

譯

乾卦와 飛伏의 관계이다.[甲寅木과 丙午火이다.] 建은 壬辰에서 丁酉까지이다.[淸明에서 秋分까지이다] 積算은 丁酉에서 丙申에 이르니, 한 바퀴 돌아서 다시 시작한다.[金과 土가 卦에 들어와 길흉을 나누고 계산을 일으킨다.] 五星은 자리를 따라 太白에서 일으킨다.[太白 金星이 卦에 들어와 吉凶을 추리한다.] 畢宿가 자리를 따라 甲寅에 내려온다.[畢宿가 大畜卦 九二의 甲寅 위에 들어온다.] 九二의 大夫가 世에 해당하고 應인 六五는 至尊이 되어 陰陽이 상응한다. 陰이 존위에 거처해[빠져있다.] 쌓는 주인이 된다. 기후를 분배함에 28이다.[陰陽의 象을 지극히 하여 吉凶의 조짐을 정한다.]

原文

山下有乾, 金土相資. 陽進陰止, 積雨潤下, 畜道光也. 乾象內進, 君道行也. 吉凶升降, 陰陽得位, 二氣相應, 陽上薄陰. 陰道凝結上於陽長爲雨反下. 九居高位, 極於畜道, 反陽爲陰, 入于兌象, 六三應上九. 上有陽九, 反應六三, 成于損道, 次降損卦.[乾入兌九三之變六二.]

譯

山 아래에 乾卦가 있어 金과 土가 서로 의지한다. 陽은 나아가고 陰은 그쳐서 내리는 비가 아래를 윤택하게 하니 쌓는 道가 빛이 난다. 乾卦의 象이 안에서 나아가니 임금의 道가 행해짐이다. 吉凶이 升降함에 陰陽이 자리를 얻고 두 기운이 상응하여, 陽이 위에서 陰을 엷게 한다. 陰의 道가 올라가 陽과 응결되어 자라면 비가 되어 아래로 돌아온다. 九가 높은

자리에 거처하니 쌓는 道가 극에 다다라 陽이 거꾸로 陰이 되어 兌卦의 象에 들어가면, 六三이 上九와 상응한다. 위에 陽의 九가 있어 돌이켜 六三과 호응하며 損의 道를 이루니, 다음으로 損卦에 내려간다.[乾卦가 兌卦에 들어가 九三이 변해 六二가 된다.]

4-4.
損 ䷨兌下艮上

原文

損, 澤在山下, 卑險於山. 山高處上, 損澤益山. 成高之義, 在於六三. 在臣之道, 奉君立誠. 易云, 損下益上.[乾九三變六三, 陰柔益上九, 臣奉君之義.]

譯

損卦는 못은 산 아래, 산 보다 낮고 험하게 있다. 산은 위에 높이 있어 못을 덜어 산에 보탠다. 높음을 이루는 뜻이 六三에 있다. 신하의 道는 임금을 받듦에 정성을 드린다. 『주역』에 "아래를 덜어 위에 보탠다."라고[98] 하였다. [乾卦의 九三이 六三으로 변했다. 陰柔가 上九에게 보태니, 신하가 임금을 받드는 뜻이다.]

原文

與兌爲飛伏.[丁丑土, 丙申金.] 三公居世, 宗廟爲應.[六三,上九.] 建始癸巳至戊戌.[小滿至寒露.] 積算起戊戌至丁酉, 周而復始.[土火入宫起積算.] 五星從位起太陰.[太陰水星入卦用事.] 觜宿從位降丁丑.[二十八宿配觜宿入損卦六三爻, 起算歲月日時.] 土星入卦配吉凶. 陰陽相盪. 位不居.[土金入損卦起算. 陰陽相生, 六位變動不居也.] 六爻有吉凶. 四時變更, 不可執一以爲規. [六爻吉凶隋時更變. 或春或夏或秋或冬, 歲時運動.] 分氣候二十八.[二十八起數, 算吉凶

---

98) 損卦, 「象傳」.

入卦.]

譯

태괘와 비복의 관계이다.[丁丑土와 丙申金이다.] 三公이 世에 거처하고 宗廟가 應이 된다.[六三과 上九이다.] 建은 癸巳에서 戊戌까지이다.[小滿에서 寒露까지이다.] 積算은 戊戌에서 일으켜 丁酉에 이르니, 한 바퀴를 돌아서 다시 시작한다.[土와 火가 官에 들어와 積算을 일으킨다.] 五星은 자리를 따라 太陰에서 일으킨다.[太陰의 水星이 卦에 들어와 작용한다.] 觜宿가 자리를 따라 丁丑에 내려온다.[二十八宿는 觜宿가 損卦六三爻에 들어와 歲月日時를 계산한다.] 土星이 괘에 들어와 길흉에 배합한다. 陰陽이 서로 움직여 한 자리에 가만히 있지 않는다.[土와 金이 損卦에 들어와 계산을 일으킨다.] 陰陽이 相生하니, 六位가 變動하며 가만히 있지 않는다.] 六爻에 吉凶이 있다. 四時가 변하며 바뀌니 한 가지를 고집하여 잣대로 삼으면 안 된다.[六爻의 吉凶은 때를 따라서 바뀌고 변한다. 봄이 되기도 하고, 여름이 되기도 하고, 가을이 되기도 하고, 겨울이 되기도 하면서 한 해의 때가 움직인다.] 기후를 분배함에 28이다.[28로 數를 일으켜 吉凶을 계산하여 卦에 대입한다.]

原文

陰陽升降, 次艮入離, 見睽之象. 損益六爻, 剛長陰, 次入火澤睽卦.

譯

陰陽이 승강하며 艮卦의 다음에 離卦에 들어가니 睽의 상이 나타난다. 六爻를 덜고 더해 陽이 陰을 자라게 하면 다음은 火澤睽卦에 들어간다.

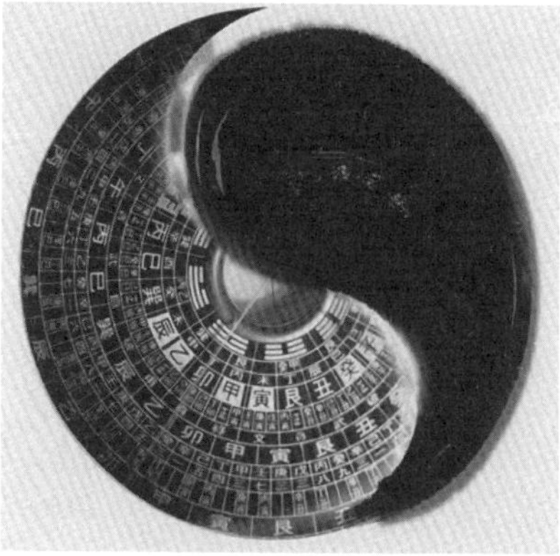

4-5.

睽 ䷥兌下離上

原文

睽, 火澤二象, 氣運[一作轉.]非合, 陰消陽長. 取象何比, 惟陽是從. 陰陽動靜, 剛柔分焉. 先睽後合, 其消通也. 文明上照, 幽暗分矣. [兌處下, 爲積陰暗之象也. 離在上, 爲明照於下.] 易云, 見豕負塗, 載鬼一車, 先張之弧, 後說之弧, 遇雨則吉, 群疑亡也.[先疑暗也,後說明也.]

譯

睽는 불과 못의 두 상으로 기운이[어떤 본에는 轉자로 되어있다.] 합해지지 않아 음은 줄어들고 양은 자라난다. 象을 취함에 무엇을 가까이 할까? 오직 陽을 따를 뿐이다. 陰陽이 動靜함에 剛柔가 나누어진다. 먼저는 어긋나고 나중은 합하니 解消되어 통하는 것이다. 文明은 위에서 비추어 그윽한 어두움과 구분된다.[兌卦는 아래에 있어 陰의 어두움이 쌓인 象이고, 離卦는 위에 있어 아래를 밝게 비춘다.] 『周易』에 이르길, "돼지가 진흙을 짊어지고 수레에 귀신이 실린 것을 본다. 먼저는 화살을 메기고 뒤에는 화살을 벗긴다. 비를 만나면 길하다."라고[99] 하였고 "모든 의심이 사라진다."라고 하였다.[먼저 의심하는 것은 어두움이고, 뒤에 벗기는 것은 밝음이다.]

---

99) 睽卦, 上九 爻辭.

原文

與離爲飛伏.[己酉金 , 丙戌土.] 諸侯立九四爲世, 初元士爲應. 建始甲午至己亥.[芒種至小雪.] 積算起己亥至戊戌.[水土入卦.] 五星從位起歲星.[歲木星入卦.] 參宿從位降己酉.[二十八宿配參宿, 入卦己酉土.] 分氣候三十六.[起數積算.]

譯

離괘와 비복의 관계이다.[己酉金과 丙戌土이다.] 諸侯가 九四에서서 世가 되고 初九의 元士가 應이 된다. 建은 甲午에서 己亥까지이다.[芒種에서 小雪까지이다.] 積算은 己亥에서 일으켜 戊戌에 이른다.[水와 土가 卦에 들어간다.] 五星은 자리를 따라 歲星을 일으킨다.[歲星인 木星이 卦에 들어간다.] 參宿가 자리를 따라 己酉에 내려온다.[28宿는 參宿가 배분되어 卦의 己酉 土에 들어간다.] 氣候를 분배함에 36이다.[數를 일으켜 積算한다.]

原文

金火二運合土宮, 配吉凶於歲時. 六五陰柔處文明, 九二四得立權臣. 陰陽相盪, 六位逆遷, 變離入乾, 健於外象, 坎入履. 陰陽推遷, 變化六爻. 吉凶之兆, 著于要之爻. 如臣事君, 近多憂也.] 次降入天澤履卦.

譯

金과 火 두 운이 土宮에 합해있고 吉凶은 歲時에 배합한나. 六五는 陰柔로 文明에 거처하며 九二와 九四는 자리를 얻은 권신이 된다. 陰陽이 서로 움직여 여섯 자리를 거슬러 옮기니

離卦가 변하여 乾卦에 들어가면 外卦의 象이 굳건함으로 履괘로 들어간다. [陰陽이 밀치고 옮겨가며 六爻가 변화한다. 吉凶의 조짐은 중요한 효에 드러난다. 신하가 임금을 섬김에 가까운 자리는 근심이 많다.] **다음으로 내려가 天澤履卦에 들어간다.**

4-6.
履 ☱兌下乾上

原文

天下有澤曰履.[履者,禮也.] 得位吉, 失位凶,[當履之時.] 素尙吉. 易云, 視履考祥, 其旋元吉.

譯

하늘 아래 못이 있음을 履라고 한다.[履는 禮이다.] 자리를 얻은 것은 吉하고, 자리를 잃은 것은 凶하며 소박함을 숭상함이 吉하다. 『周易』에 이르길 "밟아온 것을 보아 두루 잘 했으면 크게 길하다."라고[100] 하였다.

原文

與乾爲飛伏.[壬申金, 丙子水.] 六丙屬八卦.[艮六丙也.]九五得位爲世身, 九二大夫合應象. 建始乙未至庚子.[大暑至大雪.] 積算起己亥至庚子.[金水入卦,配六位,算吉凶.] 五星從位起熒惑.[熒惑火星入卦.] 井宿從位降壬申.[二十八宿入卦,井宿入壬申.] 分氣候金火入卦. 起於極數二十八.[二十八數 , 起丙辰 , 推吉凶.]

譯

乾卦의 飛伏의 관계이다.[壬申金과 丙子水이다.] 六丙은 八卦에 속한다.[艮卦는 六丙이다.] 九五가 자리를 얻어 世身이 되고 九二

100) 履卦 上九 爻辭.

大夫가 합해 應하는 象이다. 建은 乙未에서 시작하여 庚子까지이다.[大暑에서 大雪까지이다.] 積算은 己亥에서 일으켜 庚子에[101] 이른다.[金과 水가 卦에 들어와 六位에 배분되어 吉凶을 계산한다.] 五星은 자리를 따라 熒惑에서 일으킨다.[熒惑의 火星이 卦에 들어온다.] 井宿가 자리를 따라 壬申에 내려온다.[28宿가 卦에 들어오는데 井宿가 壬申에 들어온다.] 氣候를 분배함에 金과 火가 괘에 들어오니 지극한 數를 일으킴에 28이다.[28數를 丙辰에서 일으켜 吉凶을 추산한다.]

原文

陽多陰少, 宗少爲貴, 得其所履則貴, 失其所履則賤. 易云, 眇能視跛能履,[此履非其位六三也.] 吉凶取此文爲準. 六位推遷, 積欠起算數, 休王相破資益可定吉凶也. 升降反位, 歸復止於六四, 入陰爲游魂中孚卦.[次入中孚卦.]

譯

陽이 많고 陰이 적을 때는 적은 것을 종주로 귀하게 여기니, 그 밟을 곳을 얻으면 귀하고 그 밟을 곳을 잃으면 흉하다. 『주역』에 이르길 "애꾸눈이 보며 절름발이가 걷는다."라고[102] 하였으니[이는 그 자리가 아닌 곳을 밟는 것으로 六三이다.] 吉凶을 취함은 이 문장을 기준으로 삼는다. 六位에서 밀치고 옮기며 축적됨과 부족함으로 數를 일으키고, 休·王·相·破에 근거해 보태면 吉凶을 정할 수 있다. 升降함에 자리를 돌이켜 돌아와

101) '起庚子至己亥'가 되어야 할 것이다.
102) 履卦 六三 爻辭.

서 六四에 그치니, 陰으로 들어가 游魂인 中孚卦가 된다.[다음으로 中孚卦에 들어간다.]

노자

4-7.
中孚 ䷼兌下巽上

原文

中孚, 陰陽變動, 六位周匝, 反及游魂之卦.[金木合上運入卦象.] 互體見艮, 止於信義.[中孚 信也.]

譯

中孚卦는 陰陽이 변동하며 여섯 자리를 두루 돌아 돌이켜 游魂卦에 이르렀다.[金과 木이 合한 위로 움직여 괘에 들어간 상이다.] 互體로 艮卦가 나타나니 믿음에 그치는 것이다.[中孚는 믿음이다.]

原文

與乾爲飛伏.[辛未土, 壬午火.] 艮道革變升降, 各稟正性. 六四諸侯立世, 應初九元士. 九五履信, 九二反應. 氣候相合, 內外相適.[陰勝陽,陽勝陰,剛柔相薄,六爻反應,柔順相合,吉凶見矣.] 建始庚子至乙巳. 積算起乙巳至甲辰, 周而復始.[火土入卦起積算.] 五星從位起鎭星.[鎭星,土星.] 鬼宿從位降辛未.[二十八宿,配鬼宿入卦推吉凶.] 分氣候三十六.[配卦算吉凶之位.]

譯

乾卦와 飛伏의 관계이다.[辛未土와 壬午火이다.] 艮의 道가 변혁하고 升降하여 각기 바른 성품을 받는다. 六四의 諸侯는 世에

서서 初九의 元士와 상응한다. 九五가 믿음을 이행하니 九二가 돌이켜 호응한다. 氣候가 서로 합하고 내외가 서로 대적한다.[陰이 陽을 이기고 陽이 陰을 이기며, 剛柔가 서로 부딪히고 六爻가 돌이켜 상응하며 柔順하게 서로 합하니 吉凶이 나타난다.] 建은 庚子에서 시작해서 乙巳까지이다. [大雪에서 小滿까지이다.] 積算은 乙巳에서 일으켜 甲辰에 이르니, 한 바퀴 돌아서 다시 시작한다. [火와 土가 卦에 들어와 積算을 일으킨다.] 五星은 자리를 따라 鎭星에서 일으킨다.[鎭星은 土星이다.] 鬼宿가 자리를 따라 辛未에 내려온다.[28宿는 鬼宿를 배분해 卦에 들여 吉凶을 추산한다.] 기후를 분배함에 36이다.[卦에 배분해서 吉凶의 자리를 추산한다.]

原文

風與澤二氣相合. 巽而說, 信及於物, 物亦[一作必.]順焉. 易云, 信及豚魚.[豚魚, 幽微之物, 信尚及之, 何況於人乎.] 兌入艮, 六三入陽, 內二陽歸陰, 陰陽交互, 復本曰歸魂, 次降歸魂風山漸卦.[內見艮.]

譯

바람과 못의 두 기운이 서로 합한다. 공순하고 기뻐하며 믿음이 물건에 미치니, 물건도 또한[어떤 본에는 必자로 되어있다.] 따른다. 『주역』에 "믿음이 돼지와 물고기까지 미친다."라고103) 하였다.[돼지와 물고기는 어둡고 미약한 물건인데도 믿음이 미치는데 하물며 사람에 있어서이겠는가!] 兌卦가 艮卦으로 들어가 六三이 陽으로 들어가면 內卦의 두 陽이 陰으로 돌아가 陰陽이 서

103) 中孚卦 卦辭.

로 사귀어 본궁으로 돌아가니 歸魂이라 한다. 다음으로 歸魂卦인 風山漸卦로 내려간다.[內卦에 艮卦가 나타난다.]

공자와 제자들

4-8.
漸 ䷴艮下巽上

原文

漸, 陰陽升降, 復本曰歸魂之象. 巽下見艮, 陰長陽消, 柔道將進. [艮變八卦終於漸, 漸終降純陰入坤. 分長女, 三陰之兆也, 柔道行也.]

譯

漸卦은 陰陽이 升降함에 근본으로 돌아가 歸魂의 상이라 이른다. 巽卦 아래 艮卦가 나타나 陰이 자라나고 陽이 줄어들어 柔의 道가 장차 나간다.[艮卦가 變한 八卦는 漸괘에서 마치는데, 漸卦로 마치면 내려가서 純陰인 坤卦에 들어간다. 長女로 분류됨은 三陰의 조짐이니 柔의 道가 行해진다.]

原文

與兌爲飛伏.[丙申金,丁丑土.] 九三三公居世, 宗廟爲應. 建始己亥至甲辰.[小雪至清明.] 積算起甲辰至癸卯, 周而復始.[土木見運入卦, 算吉凶.] 五星從位起太白.[太白 , 西方之卦 , 定吉凶.] 柳宿從位降丙申.[二十八宿 , 柳宿入卦定吉凶.] 分氣候二十八. [定數配吉凶 , 入卦起算.]

譯

兌卦와 飛伏의 관계이다.[丙申金과 丁丑土이다.] **九三의 三公이 世**

에 거처하고 宗廟가 應이 된다. 建은 己亥에서 시작해 甲辰까지이다. 積算은 甲辰에서 일으켜 癸卯에 이르니, 한 바퀴 돌아서 다시 시작한다.[土와 木이 나타나 움직여 괘에 들어가 吉凶을 추산한다.] 五星은 자리를 따라 太白에서 일으킨다.[太白은 西方의 卦로 吉凶을 정한다.] 柳宿가 자리를 따라 丙申에 내려온다.[28宿는 柳宿가 卦에 들어와 吉凶을 정한다.] 氣候를 분배함에 28이다.[數를 정해 吉凶과 배합하고 卦에 들어와 계산을 일으킨다.]

原文

上木下土, 風入艮象, 漸退之象也. 互體見離, 主中文明, 九五傳位, 得進道明也.[九五處互體卦之上 , 進文明也.] 六二陰柔得位, 應至尊. 易云, 鴻漸于磐, 飮食衎衎.[賢人進位也.] 陰陽升降, 八卦將盡. 六十四爻, 陰陽相雜, 順道進退次于時也. 少男之位, 分於八卦, 終極陽道也. 陽極則陰生, 柔道進也, 降入坤宮八卦.[陽卦三十二宮爲陽 , 乾震坎艮也.]

譯

上卦는 木이고 下卦는 土로 바람이 산에 들어온 상으로, 점차 물러나는 상이다. 互體로 離卦가 나타남은 문명을 주관한다. 九五가 자리를 전하여 나가는 道가 밝음을 얻었다.[九五가 互體卦의 위에 거처해 文明에 나아간다.] 六二는 陰柔로 자리를 얻어 지극히 존귀함에 相應한다. 『주역』에 이르길 "기러기가 반석에 나가니 음식이 간간하다."라고[104] 하였다.[賢人이 자리에 나아감이다.] 陰陽이 승강함에 八卦가 장차 다한다. 64효는 陰陽이

104) 漸卦, 六二 爻辭.

서로 섞인 것이니, 道를 따라 나아가고 물러감은 때에 머문다. 少男의 자리는 八卦를 나눔에 陽道가 마치고 끝나는 곳이다. 陽이 극하면 陰이 생하여 柔의 道가 나아가 坤宮의 八卦에 내려가서 들어간다.[陽卦의 三十二宮은 陽으로 乾震坎艮이다.

老子孔子曰老子曾爲周柱下
史故知禮郁文所以問之
贊曰
維周柱史
習知禮文
乃枉聖轄
以節聖明
德比重華
好問好察
取人爲善
異世同轍

京氏易傳 卷 中
漢 京房 撰

5-1.
坤 ䷁ 坤下坤上

原文

坤, 純陰用事, 象配地, 屬土, 柔道光也. 陰凝感, 與乾相納, 臣奉君也. 易云, 黃裳元吉. 六二, 內卦陰處中, 臣道正也.

譯

坤卦는 純陰이 작용하며 象이 땅에 배속되니 柔의 道가 빛나는 것이다. 陰이 엉겨 감응해서 乾과 함께하며 받아들이니 신하가 임금을 받든다. 『주역』에 이르길 "누런 치마니 크게 길하다."라고[105] 하였다. 六二는 內卦의 陰으로 가운데 거처하니 신하의 道로서 바른 것이다.

原文

與乾爲飛伏.[癸酉金, 壬戌土.] 宗廟居世, 三公爲應, 未免龍戰之災. 無成有終.[陰臣陽君, 臣不敢爲物之始. 陽唱陰和, 君命臣終其事也.] 初六起履霜, 至於堅冰. 陰雖柔順, 氣亦堅剛, 爲無邪氣也. 建始甲午至己亥.[芒種, 小滿.] 積算起己亥至戊戌. 周而復始.[純土

105) 坤卦, 六五 爻辭.

用事，入積算，定吉凶.] 五星從位起太陰.[太陰水星入卦.] 西南方之卦.[鎭星入卦配坤西南.] 星宿從位降癸酉金.[二十八宿，八卦星宿，降坤上六癸酉金.] 分氣候三十六.[起積爲數三十六.]

譯

乾卦와 비복의 관계이다.[癸酉金과 壬戌土이다.] 宗廟가 世에 거처하고 三公이 應이 되어 용이 싸우는 재앙을 면할 수 없으니, 이룸은 없되 마침이 있는 것이다.[陰은 신하이고 陽은 임금인데, 신하가 감히 시작이 될 수 없다. 陽이 부르고 陰이 화답하며 임금이 명하고 신하가 그 일을 마친다.] 初六이 서리를 밟는데서 시작해서 견고한 얼음에 이른다. 陰이 비록 유순하지만 氣는 또한 견고하고 강해서 邪氣가 없는 것이다. 建은 甲午에서 시작해서 己亥까지이다.[芒種에서 小滿까지이다.] 積算은 己亥에서 일으켜 戊戌에 이르니, 한 바퀴 돌아서 다시 시작한다.[순전한 土가 작용하여 積算에 들어가 吉凶을 정한다.] 五星은 자리를 따라 太陰에서 일으킨다.[太陰의 水星이 卦에 들어온다.] 西南方의 卦이다.[鎭星이 卦에 들어와 坤의 西南에 배속된다.] 星宿는 자리를 따라 癸酉金에 내려온다.[28宿는 八卦의 星宿가 坤卦 上六의 癸酉金에 내려온다.] 氣候를 분배함에 36이다.[積算을 일으키는 數가 360이다.]

原文

陰中有陽, 氣積萬象. 故曰陰中陰. 陰陽二氣, 天地相接, 人事吉凶, 見乎其象. 六位適變, 八卦分焉.[六位變動，八卦顯著.] 陰雖虛, 納于陽位稱實.[六五六三之類也.] 升降反復, 不能久處, 千變萬化, 故稱乎易, 易者變也. 陰極則陽來, 陰消則陽長, 衰則退, 盛則戰. 易云, 上六龍戰于野, 其血玄黃, 陽屬.[乾配西北積陰之的地, 陰盛故戰, 乾坤並處, 天地之氣雜, 稱玄黃也.] 陽盪陰, 坤內卦初六適變入陽曰震. 陰盛陽微, 漸來之義, 故稱復. 次降陽入地雷復卦.

譯

陰 가운데 陽이 있어서 기운이 萬象을 쌓고 있다. 그러므로 陰 가운데 陰이라고 한 것이다. 陰陽의 두 기운으로 天地가 서로 접하니 人事의 吉凶이 그 象에 나타난다. 六位가 변해감에 八卦가 나누어진다.[六位가 變動하며 八卦가 나타난다.] 陰이 虛하지만 陽자리에 들어가면 實하다고 한다.[六五와 六三의 부류이다.] 升降을 반복해서 오래 거처할 수 없으며, 천변만화를 하기 때문에 易이라 부르니 易이란 변하는 것이다. 陰이 극에 다다르면 陽이 오고 陰이 줄어들면 陽이 자라나며, 쇠하면 물러나고 성하면 싸운다. 『주역』에 이르길 "上六은 용이 들에서 싸우니 그 피가 검고 누렇다."라고106) 하였으니 陽에 속한 것이다.[乾이 西北의 陰氣가 쌓인 곳에 배속되는데 陰이 盛하기 때문에 싸운다. 乾坤이 함께 거처해 天地의 氣가 섞여 玄黃이라 하였다.] 陽이 와서 陰을 움직여 坤의 內卦 初六이 변해 陽에 들어감을 震이라 한다. 陰은 성한데 陽이 미미하게 점차 오는 뜻이 있기 때문에 復이라 하였다. 다음으로 陽을 내려가서 地雷復卦에 들어간다.

---

106) 坤卦 上六 爻辭.

5-2.
復 ䷗震下坤上

原文

復, 陰極則反, 陽道行[一作正.]也. 易云, 君子道長, 小人道消. 又曰, 七日來復,[七日陽之稱也. 七九稱陽之數也. 謂坤上六, 陰極陽戰之地. 陰雖不能勝陽, 然正當盛, 陽不可輕犯. 六陽涉六陰反下, 七爻在初, 故稱七日. 日亦陽也.] 六爻反復之稱.[注在前.] 易云, 初九 不遠復無祗悔.[反至初九,陽來陰復去遠也.] 六爻盛卦之體總稱也. 月一陽爲一卦之主.

譯

復卦는 陰이 극하면 돌이켜 陽의 道가 행하는[어떤 본에는 正자로 되어있다.] 것이다. 『주역』에 이르길 "君子의 道가 자라나고 小人의 道는 줄어든다."라고107) 하였으며 또 이르길 "7일에 회복한다."라고108) 하였으니,[七日은 陽을 지칭한 것이다. 七과 九는 陽을 지칭하는 數이다. 坤의 上六은 陰이 極해져 陽과 싸우는 곳이다. 陰이 陽을 이길 수는 없지만 바로 성할 때를 만나 陽이 함부로 범할 수 없다. 六陽이 六陰을 건너 아래로 돌아오니 일곱 번째 爻가 初爻에 있다. 그러므로 七日이라고 부른다. 日은 또한 陽이다.] 六爻가 反復함을 지칭한 것이다.[註가 앞에 있다.] 『주역』에 이르길, "初九는 멀리가지 않고 돌아와 후회에 이르지 않는다."라고109) 하였다.[돌아

107) 「雜卦傳」.
108) 復卦 卦辭.
109) 復卦 初九 爻辭.

와 初九에 이르러 陽이 오면 陰은 다시 멀리 간다.] **六爻는 성대한 괘의 몸체를 총칭한 것이고, 月은**[110] **一陽으로 한 괘의 주인이 된다.**

原文

與震爲飛伏.[庚子水,乙未土.] 初九元士之世, 六四諸侯見應. 建始乙未至庚子.[大暑大雪見候, 起坤六月至十一月, 戊子爲正朔, 見復之兆.] 積算起庚子至己亥,[積算起庚子至己亥, 十月至十一月, 年亦然.] 周而復始. 土水見候. 五星從位起歲星.[歲星木星入復卦, 合水土配吉凶.] 張宿從位降庚子. 分氣候二十八. [二十八宿分張宿, 入復卦庚子水上.]

譯

震卦와 비복의 관계이다. 初九는 元士로서 世가 되고 六四는 諸侯로서 應으로 나타난다. 建은 乙未에서 시작해서 庚子까지이다.[大暑에서 大雪까지 기후를 나타내고, 坤을 6월에서 일으켜 11월에 이른다. 戊子는 正朔으로 復의 조짐을 나타낸다.] **積算은 庚子에서 일으켜 己亥에 이르니,**[積算은 庚子에서 일으켜 己亥에 이르니 10월에서 11월까지이다. 年도 그렇다.] **한 바퀴 돌아서 다시 시작한다. 土와 水로 氣候를 나타낸다. 五星은 자리를 따라 歲星에서 일으킨다.**[歲星의 木星이 復卦에 들어와 水土와 합해 吉凶에 배합한다.] **張宿가 자리를 따라 庚子에 내려온다. 氣候를 분배함에 28이다.**[28宿 중의 張宿가 復卦의 庚子水 위에 들어간다.]

---

110) 문맥상 日자가 더 합당하다.

原文

坤上震下, 動而順. 是陽來盪陰, 陰柔反去, 剛陽復位, 君子進, 小人退. 易云, 休復元吉. 陽升陰降, 變六二入兌象, 次併臨. 二陽將進內爲悅, 陰去陽來氣漸隆.[陰不敢拒陽 , 奉命而已.] 次降入地澤臨卦.

譯

坤卦가 위에 있고 震卦가 아래로 있어 움직임에 순하다. 陽이 와서 陰을 움직이고, 陰柔함이 돌아가고 剛한 陽이 자리에 돌아오니, 君子가 나아가고 소인은 물러난다. 『주역』에 이르길 "아름답게 돌아오니 크게 길하다."라고[111] 하였다. 陽이 오르고 陰이 내려와 六二를 변화시켜 兌卦의 象에 들어가니 다음으로 함께 臨한다. 두 양이 장차 나아가니 內卦가 기뻐하는 것이 되고, 陰이 가고 陽이 와서 기가 점차 융성해진다.[陰은 감히 양을 거역할 수 없어 명령을 받들 뿐이다.] 다음으로 내려가서 地澤臨卦에 들어간다.

---

111) 復卦, 六二 爻辭.

5-3.
臨 ䷒兌下坤上

原文

臨, 陽長陰消, 說而順. 金土應候, 剛柔分. 震入兌, 二陽剛, 本體陰柔降入臨. 臨者大也. 陽爻健順, 陽爻退散. 易曰, 君子之道. 易云, 至于八月凶.[建丑至未也.] 陽長, 六爻反復, 吉凶之道可見矣.[至於八月入遯 .]

譯

臨卦는 陽이 자라나고 陰이 줄어드니 기뻐하고 순하다. 金과 土가 氣候에 應하며, 剛과 柔로 구분된다. 震卦가 兌卦로 들어가니 두 陽은 剛하고 本體는 陰柔하여 내려가 臨卦에 들어간다. 臨은 크다는 뜻이니, 陽爻는 健順하고 陰爻는 退散하니 『주역』에 이르길 "군자의 도이다."라고 하였고 『주역』에 이르길 "8월에 이르러 凶하다."라고[112] 하였다.[丑을 세워 未에 이른다.] 陽이 자라나 六爻를 반복하니 吉凶의 道를 알 수 있다.[8월에 이르면 遯卦에 들어간다.]

原文

與兌爲飛伏.[丁卯木 , 乙巳火.] 九二大夫立世, 六五至尊應上位. 建始丙申至辛丑.[立秋,大寒.] 七月積氣至六月, 吉凶隨爻考汙隆.[旺則隆,衰則汙.] 積算起辛丑至庚子.[積算起金土入卦 , 推休咎於六

112) 臨卦 卦辭.

爻.] 五星從位起熒惑.[熒惑火星 , 入卦用事.] 翼宿從位在丁卯.[二十八宿 , 翼宿入卦九二爻木上.] 分氣候三十六.[定陰陽之數 , 起於三十六積算.]

譯

兌卦와 飛伏의 관계이다.[丁卯 木과 乙巳火이다.] 九二 大夫가 世에 서고 六五가 지존으로 위 자리에서 應한다. 建은 丙申에서 시작해서 辛丑까지이다.[立秋에서 大寒까지이다.] 7월에 氣를 쌓아 6개월에 이르니 吉凶은 爻를 따라 융성함과 오욕을 살핀다.[왕하면 융성하고 쇠하면 오욕이다.] 積算은 辛丑에서 일으켜 庚子에 이른다.[積算은 金과 土를 일으켜 卦에 들어가 休咎를 六爻에서 추산한다.] 五星은 자리를 따라 熒惑에서 일으킨다.[熒惑의 火星이 卦에 들어가 작용한다.] 翼宿가 자리를 따라 丁卯에 있다.[28宿중 翼宿가 卦의 九二爻 木위에 들어온다.] 氣候를 분배함에 36이다.[陰陽의 數를 정함에 三十六의 積算으로 일으킨다.]

原文

坤下見兌悅澤. 臨陽升陰降. 入三陽, 乾象入坤, 卽泰卦.[臨卦內象先陽長 , 逼陰成乾爲泰象.] 外坤積陰, 內兌亦爲陰, 二陽合體, 柔順之道不可貞. 吉凶以時配於六位. 用於陽長之爻, 成臨之義. 六三將變陽爻, 至次降入泰卦.[次入地天泰卦.]

譯

坤卦 아래에 兌卦의 기뻐하는 못이 나타난다. 臨의 陽이 올라가고 陰이 내려와 三陽에 들어가 乾卦의 象이 坤卦에 들어가

면 泰卦가 된다.[臨卦의 內象이 먼저 陽이 자라나 陰을 핍박하여 乾을 이루면 泰卦의 象이 된다.] 外卦의 坤은 陰을 쌓고 內卦의 兌 역시 陰이며 두 陽이 卦體에 합하니, 柔順한 道는 고집할 수 없다. 吉凶을 때로써 함에 여섯 자리에 배합하니, 陽이 자라나는 爻를 써서 臨의 뜻을 이룬다. 六三이 장차 陽爻로 변하여 다음에 泰卦로 들어간다.[다음으로 地天泰卦에 들어간다.]

경방

5-4.
泰 ䷊乾下坤上

原文

泰, 乾坤二象, 合爲一運. 天入地交泰, 萬物生焉. 小往大來, 陽長陰危. 金土二氣交合. 易云, 泰者通也. 通於天地, 長於品彙. 陽氣內進, 陰氣升降, 升降之道, 成於泰象.

譯

泰卦는 乾坤의 두 象이 합하여 하나의 運이 된다. 하늘이 땅에 들어가 사귀어 통하여 만물이 생한다. 작은 것이 가고 큰 것이 오며, 陽은 자라고 陰은 위태롭다. 金과 土의 두 氣가 교합한다. 『주역』에 이르길 "泰는 통하는 것이라."라고[113] 하였다. 天地가 통하여 만물을 기른다. 陽氣가 안에서 나아가고 陰氣가 升降하니 升降의 道가 泰卦의 象을 이룬다.

原文

與乾爲飛伏.[甲辰土, 乙卯木.] 三公立九三爲世, 上六宗廟爲應. 候建始丁酉至壬寅.[秋分,立春.] 積算起壬寅至辛丑, 周而復始.[金土位上起積算吉凶.] 五星從位起鎭星.[土星이 卦에 들어간다.] 軫宿從位降甲辰. 氣候二十八. [積算起二十八數於甲辰位.]

---

113) 「序卦傳」

譯

乾卦와 飛伏의 관계이다. [甲辰 土와 乙卯 木이다.] **三公이 九三에서서 世가 되고 上六의 宗廟가 應이 된다. 절후의 建은 丁酉에서 시작해서 壬寅까지이다.**[秋分에서 立春까지이다.] **積算은 壬寅에서 일으켜 辛丑에 이르니, 한 바퀴 돌아서 다시 시작한다.**[金과 土의 자리위에 積算의 吉凶을 일으킨다.] **五星은 자리를 따라 鎭星에서 일으킨다. 軫宿가 자리를 따라 甲辰에 내려온다. 氣候는 28이다.**[積算은 28數를 甲辰의 자리에서 일으킨다.]

原文

地下有天, 陽道浸長不可極, 極則否成.[三陽務上, 坤順而往, 往而不已, 否道至.] **存泰之義, 在於六五, 陰居陽位, 能順於陽, 陰陽相納, 二氣相感, 終於泰道. 外卦純陰, 陽來剛柔成于震象, 陰降陽升, 居乾上成大壯.**[次降陰升陽, 入雷天大壯卦.]

譯

땅 아래에 하늘이 있어서 陽의 道가 점차 자라남에 극도에 이르면 안 되니 극도에 이르면 否를 이룬다.[三陽이 위로 힘쓰고 坤은 順하게 가니 가서 그침이 없으면 否의 道가 이른다.] **泰를 보존하는 뜻은 六五에 있으니 陰이 陽의 자리에 거처해 陽에 順하니 陰陽이 서로 받아들이고 두 氣가 서로 느껴서 泰의 道를 마친다. 外卦의 純陰에 陽이 와서 剛柔가 震卦의 象을 이루니, 陰이 내려오고 陽이 올라가 乾卦의 위에 거처해 大壯卦를 이룬다.**[다음으로 陰이 내려가고 陽이 올라가서 雷天大壯卦에 들어간다.]

5-5.
大壯 ䷡乾下震上

原文

大壯, 內外二象, 動而健, 陽勝陰而爲壯.[內陽升降 , 二象俱陽曰大壯.] 易曰, 羝羊觸藩羸其角, 進退難也. 壯不可極, 極則敗, 物不可極, 極則反. 故曰君子用罔, 小人用壯,

譯

大壯卦는 內外의 두 象이 움직이며 굳건하고 陽이 陰을 이겨 씩씩하다.[內卦의 陽이 升降하여 두 象이 모두 陽이기 때문에 大壯이라 한다.] 『周易』에 이르길 "숫양이 울타리를 들이받아 그 뿔이 걸린다."라고[114] 한 것은 進退가 어려움이다. 씩씩함은 극도로 할 수 없으니 극도로 하면 패하고, 물건은 극도에 이르면 돌아온다. 그러므로 "군자는 없음을 쓰고 소인은 씩씩함을 쓴다."라고[115] 하였다.

原文

與震爲飛伏.[庚午火 , 癸丑土.] 九四諸侯之世, 初九元士在應. 建始戊戌至癸卯.[寒露至春分.] 積算起癸卯至壬寅.[土木入卦起積算.] 五星從位起太白.[太白金星入卦.] 角宿從位降庚午.[二十八宿入卦 , 配角宿入大壯庚午九四爻上.]分氣候三十六.[積算起數庚午火 , 定吉

114) 大壯卦, 九三爻辭.
115) 大壯卦, 九三爻辭.

凶.]

譯

震卦와 飛伏의 관계이다. [庚午火와 癸丑土이다.] 九四의 諸侯가 世가 되고 初九의 元士가 應에 있다. 建은 戊戌에서 일으켜 癸卯까지이다.[寒露에서 春分까지이다.] 積算은 癸卯에서 일으켜 壬寅에 이른다.[土와 木이 卦에 들어와 積算을 일으킨다.] 五星은 자리를 따라 太白에서 일으킨다.[太白의 金星이 卦에 들어온다.] 角宿가 자리를 따라 庚午에 내려온다.[28宿가 卦에 들어옴에 角宿가 배속되어 大壯卦 九四爻 庚午위에 들어온다.] 氣候를 분배함에 36이다. [積算은 數를 庚午火에서 일으켜 吉凶을 정한다.]

原文

雷在天象, 健而動. 陽升陰降, 陽來盪陰, 吉凶隨爻, 著于四時. 九四庚午火之位, 入坤爲卦之本. 起于子, 滅于寅. 陰陽進退, 六位不居, 周流六虛. 外象震入兌爲陰悅, 適爻爲剛長, 次降入夬, 陽決陰之象. 入澤天夬卦.

譯

우레가 하늘위에 있어서 굳건하게 움직인다. 陽이 오르고 陰이 내려와, 陽이 와서 陰을 움직이니 吉凶이 효를 따름은 四時에서 드러난다. 九四는 庚午火의 자리로 坤卦로 들어가 괘의 근본이 된다. 子에서 일으켜 寅에서 없어진다. 陰陽이 進退함에 六位에 가만히 있지 않고 두루 六虛에 流行한다. 外卦의 象인 震이 兌에 들어가 陰으로 기쁨이 되는데, 爻가 나아가 剛이 자라서, 다음으로 夬卦에 들어가니 陽이 陰을 결단하는 象이다. 澤天夬卦에 들어간다.

공자

5-6.
夬 ䷪乾下兌上

原文

夬, 剛決柔, 陰道滅. 五陽務下, 一陰危上. 將反游魂, 九四悔也. 澤上於天, 君道行也.[夬, 五世, 六位周而復始爲遊魂. 至九四成陰, 入坎爲需.]

譯

夬는 剛이 柔를 결단해 陰의 道가 없어진다. 다섯 陽이 아래에서 힘쓰니 하나의 陰이 위에서 위태롭다. 장차 游魂으로 돌아가니 九四가 움직인 것이다. 못이 하늘 위에 있어 임금의 道가 행해진다.[夬는 五世로 六位를 한 바퀴 돌아 다시 시작해 遊魂이 된다. 九四에 이르러 陰이 되면 坎에 들어가 需卦가 된다.]

原文

與兌爲飛伏.[丁酉金, 癸亥水.] 九五立世, 九二大夫爲應.[九五在兌象爲世, 澤小於天也.] 建始己亥至甲辰.[小雪, 清明.] 積算起甲辰至癸卯, 周而復始. 金水分乾兌入坤象.[入坤宮起積算.] 五星從位起太陰.[太陰水星, 入卦起算.] 亢宿從位降丁酉. [二十八宿配亢宿, 入夬卦丁酉金上起.]分氣候二十八. [積算起宮二十八, 入卦中甲辰, 還丁酉金上定吉凶.]

譯

兌卦와 飛伏의 관계이다.[丁酉金과 癸亥水이다.] **九五가 世에 서고 九二 大夫가 應이 된다.**[九五가 兌象에 있어 世가 되고 못이 하늘보다 작다.] **建은 己亥에서 시작해서 甲辰까지이다. 積算은 甲辰에서 일으켜 癸卯에 이르니, 한 바퀴 돌아서 다시 시작한다. 金과 水를 乾兌에 분배해서 坤卦의 象에 들어간다.**[坤宮에 들어가 積算을 일으킨다.] **五星은 자리를 따라 太陰에서 일으킨다.**[太陰의 水星이 괘에 들어가 계산을 일으킨다.] **亢宿가 자리를 따라 丁酉에 내려온다.**[28宿는 亢宿가 배속되어 夬卦에 들어가 丁酉金 위에서 일으킨다.] **氣候를 분배함에 28이다.**[積算은 宮에서 28을 일으켜 卦의 甲辰에 들어가 丁酉金 위에 돌아가 吉凶을 정한다.]

原文

易云, 澤上於天夬. 揚于王庭. 柔道消, 消不可極, 反於游魂. 九四柔來文剛, 陰道存也. 陰之道不可終否, 剛柔相濟. 日月明矣, 天地定位, 人事通也.[凡卦, 陰極陽生, 陽極陰生, 生生之義, 不絕之貌. 日月循環, 天地交泰, 陰陽相盪, 六位交分, 萬物生焉.] 故曰, 雷動風行, 山澤通氣. 人之運動, 體斯合矣.[人稟五常, 三焦九竅, 風火遞相兼濟, 以一位虧, 四體羸焉.] 陰陽升降, 反復道也, 次降入游魂水天需卦.

譯

『주역』에 이르길 "못이 하늘위에 있어 夬이다."라고116) 하였고, "왕의 뜰에서 드날린다."라고117) 하였다. 柔의 道가 줄어

116) 夬卦, 「大象傳」.

들지만, 줄어듦이 극에 다다를 수 없기 때문에 游魂에 돌아간다. 九四에 柔가 와서 剛을 꾸며 陰의 道를 보존한다. 陰의 道가 끝내 막힐 수 없어서, 剛柔가 서로 구제한다. 日月이 밝히고 천지가 자리를 정하며 인사가 통한다.[卦는 陰이 極하면 陽이 生하고, 陽이 極하면 陰이 生하니 '生生'의 뜻이며 단절되지 않는 모습이다. 日月이 순환하고 천지가 交泰하며 陰陽이 서로 움직여 六位가 사귀며 만물이 생한다.] 그러므로 우레가 움직이고 바람이 행하며 산과 못이 기운을 통한다. 사람의 운동은 이것을 근간으로 하여 합한다.[사람이 五常을 품부 받고 三焦와 九竅에 風火가 서로 아울러 구제하니 一位가 어그러지면 四體가 파리하다.] 음양이 오르내리며 道를 반복하니 다음에 游魂인 水天需卦에 들어간다.

---

117) 夬卦, 卦辭.

5-7.
需 ䷄乾下坤上

原文

需, 雲上於天, 凝於陰而待於陽, 故曰需, 需者待也. 三陽務上而隔於六四, 路之險也.[外卦坎水爲險. 亦陰稱血也.] 坤之反覆, 適陽入陰.[夬卦九四, 入需卦成六四, 陰之位也.] 陰陽交會運動, 陰雨積而凝滯於陽, 通乃合也.[群陽務上, 一陰報之, 故凝滯雨乃合.]

譯

需卦는 구름이 하늘에 올라 陰氣가 엉겨 陽氣를 기다리기 때문에 需라고 하였으니 需는 기다림이다. 세 陽이 위로 힘을 쓰지만 六四에게 막혀있어 길이 험한 것이다.[外卦인 坎水가 險함이 된다. 또한 陰을 血이라 한다.] 坤卦가 반복해서 陽을 보내고 陰에 들어간다.[夬卦의 九四가 需卦에 들어가 六四를 이루니 陰의 자리이다.] 陰陽이 사귀고 만나 운동하니, 陰의 비가 陽에게 엉겨 정체되었으니 通하면 이내 합하는 것이다.[여러 陽이 위로 힘을 쓰며 一陰이 보답한다. 그러므로 凝滯되어 비로 화합한다.]

原文

與兌爲飛伏.[戊申金, 丁亥水.] 游魂立世諸侯, 應初九元士. 建始甲辰至己酉.[淸明, 秋分.] 積算起己酉至戊申, 周而復始. 金土入乾坎.[積算起宮定吉凶.] 五星從位起歲星.[歲星木星入卦.] 氐宿從位降戊申.[二十八宿降氐宿, 入坤宮遊魂卦六四戊申金上, 起積算吉

凶.] 分氣候三十六.[定吉凶總三十六位起算.]

譯

兌卦와 飛伏의 관계이다. 游魂으로 世에 諸侯를 세우고 初九 元士에 應한다. 建은 甲辰에서 시작해서 己酉까지이다.[淸明에서 秋分까지이다.] 積算은 己酉에서 일으켜 戊申에 이르니, 한 바퀴 돌아서 다시 시작한다. 金과 土가 乾과 坎에 들어간다.[積算은 宮에서 일으켜 吉凶을 정한다.] 五星은 자리를 따라 歲星에서 일으킨다.[歲星의 木星이 卦에 들어간다.] 氐宿가 자리를 따라 戊申에 내려온다. 氣候를 분배함에 36이다.[吉凶을 정함에 모두 36位로 계산을 일으킨다.]

原文

乾外見坎, 健而進, 險在前也. 需於飮食, 爭於坎也. 陰陽相激, 勝負有倚, 反爲不速, 敬終有慶. 陰陽漸消, 陽道行行, 反復其位, 不妄於陰. 坎降入歸魂水地比卦, 坤之歸魂也.

譯

乾卦 밖에 坎卦가 나타나 굳건하게 나아가나 험함이 앞에 있다. 飮食을 기다리니 坎卦에서 싸우는 것이다. 陰陽이 서로 부딪혀 勝負에 의지함이 있으나, 도리어 빠르게 하지 못하니 공경하면 끝내 경사가 있다. 陰陽이 점차 줄어들어 陽의 道가 나가고, 나가서 그 자리를 다시 회복해면, 陰으로 인해 망령되지 않는다. 坎卦가 내려와 歸魂인 水地比卦에 들어가니 坤宮의 歸魂卦이다.

5-8.
比 ䷇坤下坎上

原文

比, 反本復位, 陰陽相定, 六爻交互, 一氣在也. 水在地上, 九五居尊, 萬民服也.[比卦一陽五陰, 少者爲貴, 衆之所尊者也.] 比親於物, 物亦附焉. 原筮於宗, 歸之於衆. 諸侯列士, 君上崇之, 奉于宗祧, 盟契無差, 邦必昌矣.

譯

比卦는 다시 본래의 자리로 돌아와 陰陽이 서로 정하고 여섯 자리가 서로 사귀니 한 기운에 있는 것이다. 물이 땅위에 있어 九五가 尊位에 거처하니 萬民이 복종한다.[比卦는 一陽五陰으로 적은 것이 귀한 것으로 무리들이 높이는 바이다.] 물건을 도우며 가까이 하면 물건 또한 따른다. 종묘에서 처음 점을 쳐서 무리에게 돌아간다. 제후와 선비가 임금을 높이고 종묘를 받드니 맹세를 맺음에 어긋남이 없으며 나라가 반드시 창성한다.

原文

與乾爲飛伏.[乙卯木 , 甲辰土.] 歸魂六之三公居世, 應上六宗廟. 建始癸卯至戊申.[春分 , 立秋.] 積算起戊申至丁未 , 周而複始. 五星從位起熒惑.[火星入卦.] 房宿從位降乙卯.[二十八宿配房宿 , 入坤歸魂乙卯木位上.] 分氣候二十八.[積算起二十八數.]

譯

乾卦와 飛伏의 관계이다. [乙卯 木과 甲辰 土이다.] **歸魂은 여섯 중 三公이 世에 거처하여 上六 宗廟에 應한다. 建은 癸卯에서 시작하여 戊申까지이다.**[春分에서 立秋까지이다.] **積算은 戊申에서 일으켜 丁未에 이르러, 한 바퀴 돌아서 다시 시작한다. 五星은 자리를 따라 熒惑에서 일으킨다.**[火星이 卦에 들어온다.] **房宿가 자리를 따라 乙卯에 내려온다.**[28宿는 房宿가 배분되어 坤의 歸魂인 乙卯 木의 자리위에 들어온다.] **기후를 배분함에 28이다.**[積算은 28數를 일으킨다.]

原文

陰道將復, 以陽爲主, 一陽居尊, 群陰宗之. 六爻交分, 吉凶定矣. 地道之義, 妻道同也, 臣之附君, 比道成也. 歸魂復本, 陰陽相成, 萬物生也. 故曰坤生三女, 巽離兌分長中下.[巽長女 , 離中女 , 兌少女.] 以陽求陰, 乾之巽爲長女.

譯

陰의 道가 장차 돌아옴에 陽으로 주인을 삼으니 一陽이 높은 자리에 거처함에 모든 陰이 종주로 삼는다. 六爻가 분수대로 사귐에 吉凶이 정해진다. 地道의 뜻은 妻道와 같으니 신하가 임금을 따름에 比의 道가 이루어진다. 歸魂으로 본궁으로 돌아와 陰陽이 서로 이루니 萬物이 생한다. 그러므로 坤이 三女를 낳아 巽離兌로 長中下를 나눈다.[巽은 長女이고 離는 中女이고 兌는 少女이다.] **陽으로 陰을 구해 乾卦가 巽卦로 변해 長女가 되었다.**

6-1.
巽 ䷸巽下巽上

原文

巽, 陽中積陰而巽順.[本乾象 , 陰來盪成巽 , 巽者順也.] 風從穴入於物, 號令齊順, 天地明也. 內外稟於一陰, 順於天地道也. 聲聞於外, 遠彰柔順. 陰陽升降, 柔依剛也, 本於堅剛陰來. 又柔東南向明, 齊肅陰陽.

譯

巽卦는 陽 가운데 陰이 쌓여 巽順하다.[본래는 乾卦의 象인데 陰이 와서 움직여 巽卦가 되었으니 巽은 順함이다.] 바람이 구멍을 따라 물건에 들어가 호령하여 가지런하게 만드니 천지의 밝음이다. 內外에 一陰을 받아들여 天地의 道를 따른다. 소리가 밖에 들려 유순하게 멀리 퍼진다. 陰陽이 升降함에 柔가 剛에 의지하니 본래 굳고 강한 데 陰이 온 것이다. 또 柔로 東南은 밝음을 향하여 음양을 가지런하게 만든다.

原文

與震爲飛伏. 宗廟居世, 三公在應.[上九 , 九三.] 建始辛丑至丙午.[大寒 , 芒種.] 積算起丙午至乙巳, 周而復始.[缺. 火木與二十八宿分虛宿入巽上九辛卯木上.] 分氣候其數三十六.[分三十六數入卦起算.]

譯

震卦와 飛伏의 관계이다.[辛卯木과 庚戌土이다.] 宗廟가 世에 거처하고 三公이 應에 있다.[上九와 九三이다.] 建은 辛丑에서 시작해서 丙午까지이다.[大寒에서 芒種까지이다.] 積算은 丙午에서 일으켜 乙巳에 이르니, 한 바퀴 돌아서 다시 시작한다.[글이 빠져있다. 火와 木과 28宿중 虛宿가 巽卦 上九의 辛卯 木위에 들어온다.] 氣候를 분배함에 그 數가 36이다.[36수를 분배해 卦에 들여 계산한다.]

原文

陰氣起陽, 陽順於陰, 陰陽和. 柔升降得位, 剛柔分也. 陰不可盈, 晷刻傾也. 初六適變, 陽來陰退, 健道行也. 三陽務進, 外陰陽也, 適變於內, 外來從也. 次降陰交於陽九, 爲小畜卦.[初六變初九也.]

譯

陰氣가 陽을 일으키고 陽이 陰을 따르면 陰陽이 조화한다. 柔가 升降함에 자리를 얻어 剛가 柔가 나누어진다. 陰은 꽉 찰 수 없으니 잠깐사이에 기울어진다. 初六이 변해가서 陽이 오고 陰이 물러나면 강건한 道가 행해진다. 三陽은 나아감에 힘쓰고 外卦는 陰陽으로118), 안에서는 변해가지만 밖에서는 따르지 못한다. 다음으로 내려와서 陰이 陽인 九와 사귀어 小畜卦가 된다.[初六이 변하면 初九이다.]

---

118) 風天小畜卦에 관한 설명이다. 內卦의 乾은 三陽이지만 外卦의 巽은 陰陽이 섞여있다.

6-2.
小畜 ☴☰乾下巽上

原文

小畜, 易云, 密雲不雨, 自我西郊. 小畜之義 在於六四. 三陽連進於一危也. 外巽體陰, 畜道行也. 巽之初六陰盪, 陽氣感, 積陰不能固. 退復本位, 三連同往而不可見. 成於畜義, 外象明矣.[一陰劣, 不能固, 陽是以往也. 外巽積陰能固, 陽道成在上九一爻之法也.] 易云, 旣雨旣處也.

譯

小畜卦는 『주역』 이르길, "빽빽한 구름에 비가 오지 않음은 내가 서쪽의 들에 있기 때문이다."라고[119] 하였다. 小畜의 뜻은 六四에 있다. 三陽이 연합해 한 곳으로 나아가니 위태롭다. 外卦인 巽은 卦體가 陰으로 쌓는 道가 행해진다. 巽卦의 初六 陰이 움직임에 陽이 느끼면 陰을 쌓음이 견고할 수 없다. 물러나 본래의 자리로 돌아가 셋이 연합해 가도 볼 수 없다. 쌓는 뜻을 이룸은 外卦의 象에서 밝혀진다.[一陰은 劣勢로 견고하지 못하여 陽이 이 때문에 나아간다. 外卦의 巽은 陰을 축적함이 견고하니, 陽의 道가 이루어짐은 上九一爻의 法에 있다.] 『주역』 이르길, "이미 비가 오고 그쳤다."라고[120] 하였다.

---

119) 小畜卦 卦辭.
120) 小畜卦 上九 爻辭.

原文

與乾爲飛伏.[甲子水 , 辛丑土.] 初九元士居世, 六四諸侯在應. 建始壬寅至丁未.[立春 , 大暑.] 積算起丁未至丙午, 周而復始. 木土入乾巽.[入宮起算法.] 五星從位起太白.[金星入卦 , 起算吉凶.] 尾宿從位降甲子.[二十八宿入卦 , 分尾宿 , 以小畜甲子水上起算.] 分氣候其數二十八.[分二十八數起宮推算.]

譯

乾卦와 飛伏의 관계이다.[甲子水와 辛丑土이다.] 初九의 元士가 世에 거처하고, 六四의 諸侯가 應에 있다. 建은 壬寅에서 시작해서 丁未까지이다.[立春에서 大暑까지이다.] 積算은 丁未에서 일으켜 丙午에 이르니, 한 바퀴 돌아서 다시 시작한다. 木과 土가 乾卦와 巽卦에 들어온다.[宮에 대입해서 계산하는 방법이다.] 五星은 자리를 따라 太白에서 일으킨다.[金星이 卦에 들어와 吉凶을 계산한다.] 尾宿가 자리를 따라 甲子에 내려온다.[28宿는 卦에 들어와 尾宿를 분배해서 小畜卦의 甲子水 위에서 계산을 일으킨다.] 氣候를 분배함에 그 수가 28이다.[28數를 분배해서 宮의 推算을 일으킨다.]

原文

一陰居六四, 建子入陽宮, 推其休咎處吉凶. 剛健立陽爻, 陰凝在巽體. 易云, 輿說輹夫妻反目.[不義之兆.] 夏至起純陰, 陽爻位伏藏, 冬至陽爻動, 陰氣凝地. 陰陽升降, 以柔爲剛, 見中虛文明. 積氣居內象,[九二適變入離.] 次降入風火家人卦.

譯

一陰이 六四에 거처해 子를 세워 陽의 宮에 들어가 休咎를 추산하여 吉凶에 대처한다. 剛健은 陽爻를 세우고 陰은 엉겨 巽의 卦體에 있다. 『주역』에 이르길, "수레의 바퀴살을 벗김이니, 夫妻가 반목한다."라고[121] 하였다.[의롭지 못한 조짐이다.] 夏至에 純陰을 일으킬 때 陽爻의 자리에 엎드려 감추어져있고, 冬至에 陽爻가 發動할 때 陰氣는 땅에 응결되어있다. 陰陽이 升降함에 柔가 剛이 되면 가운데가 비어있는 문명함이 나타난다. 축적된 기운이 內卦에 거처하는 象이니,[九二가 변해 가서 離卦로 들어간다.] 다음으로 내려가서 風火家人卦에 들어간다.

---

121) 小畜卦 六三 爻辭.

6-3.
家人 ䷤離下巽上

原文

家人, 乾剛俱變文明, 內外相應.[九五應六二爻.] 陰陽得位, 居中履正. 火上見風, 家人之象. 閑邪存誠, 嗃嗃得中, 互體見文明, 家道明也. 內平遇坎險象, 家人難也. 酌中之義在於六二.

譯

家人卦는 乾卦의 강함이 모두 文明함으로 변해 內外가 相應한다.[九五가 六二爻와 상응한다.] 陰陽이 자리를 얻고 中에 거처하고 正을 밟고 있다. 火위에 風이 나타나 家人卦의 象이다. 삿됨을 막고 정성을 보존하며 소리를 높여 중용을 얻고, 互體에 文明이 나타나니 家道가 밝다. 內卦에 平함이 坎卦의 험한 象을 만남은 家人의 어려움이다. 中을 취하는 뜻은 六二에게 있다.

原文

與離爲飛伏.[己丑土, 辛亥水.] 建始癸卯至戊申.[春分, 立秋.] 積算起戊申至丁未. 金土入離巽.[金土入卦同積算.] 大夫居世, 應九五立君位. 五星從位起太陰.[太陰, 北方入卦起宮推算.] 箕宿從位降己丑.[二十八宿, 分箕宿入家人卦在己丑土上.] 分氣候, 其數三十六. [三十六起數家人卦, 推入積算休咎.]

譯

離卦와 飛伏의 관계이다.[己丑土와 辛亥水이다.] **建은 癸卯에서 시작해서 戊申까지이다.**[春分에서 立秋까지이다.] **積算은 戊申에서 일으켜 丁未에 이른다. 金과 土가 離卦와 巽卦에 들어온다.**[金과 土가 卦에 들어와 積算을 함께한다.] **大夫가 世에 거처하고 應하는 九五는 임금의 자리에 서있다. 五星은 자리를 따라 太陰에서 일으킨다.**[太陰이 北方에서 卦에 들어와 宮의 推算을 일으킨다.] **箕宿가 자리를 따라 己丑에 내려온다.**[28宿는 箕宿가 분배되어 家人卦의 己丑土 위에 들어온다.] **氣候를 분배함에 그 數가 36이다.**[36으로 數를 일으켜 家人卦에 積算의 休咎를 추산해 넣는다.]

原文

火木分形, 陰陽得位, 內外相資, 二氣相合. 君君臣臣, 父父子子, 兄兄弟弟. 易曰, 家人嗃嗃, 父子嘻嘻, 治家之道, 分於此也. 吉凶之義, 配五行進退.[六五進退, 吉凶於陰陽. 陰陽得起, 在於四時運動, 吉凶見矣. 分內外矣, 二象配天地星辰, 合命定吉凶.] 文明運動變化之象. 九三適陰入震, 風爲雷合曰益, 次降風雷益卦.

譯

火와 木으로 형체를 나누고 陰陽이 자리를 얻어 內外에서 서로 도우니 두 기운이 서로 합한다. 임금은 임금답고, 신하는 신하답고, 아비는 아비답고, 형은 형답고 아우는 아우답다. 『주역』에 이르길, "家人이 큰 소리를 내고 父子가 웃는다."라고[122] 하였으니 집안을 다스리는 道가 여기에서 나뉜다. 길

122) 家人卦, 九三爻辭.

흉의 뜻이 五行의 진퇴와 배합하니,[六位와 五行의 進退는 陰陽에 따라 吉하고 凶하다. 陰陽이 일어남은 四時의 운동에 있으니 吉凶이 나타난다. 內外로 나누어져 두 象으로 天地와 星辰에 배합하여 命에 배합하고 吉凶을 정한다.] **문채가 나고 밝게 움직이며 變化하는 象이다. 九三이 陰으로 가 震卦에 들어가서 風이 雷와 합한 것을 益이라 하니, 다음으로 風雷益卦에 내려간다.**

八卦의 창시자인 伏羲

6-4.
益 ䷩雷下巽上

原文

益, 天地不交曰否, 六二陰上柔剛, 九四下降積陰, 故曰益. 易曰, 損上益下. 雷動風行, 男下女上.[震男巽女.] 陽益陰, 君益於民之象也. 互見坤, 坤道柔順, 又外見艮, 艮止陽益 陰, 止於陽, 柔道行也.[內外順動 , 風雷益. 四象分明 , 剛柔定矣.]

譯

益卦는 天地가 사귀지 않음을 否라 하는데 六二의[123] 陰이 올라가 剛을 부드럽게 하고, 九四가 내려와 陰을 쌓기 때문에 益이라고 하였다. 『주역』에 이르길, "위를 덜어서 아래에 보탠다."라고[124] 하였다. 우레가 치고 바람이 불며 남자는 아래에 있고 여자는 위에 있다.[震의 男과 巽의 女이다.] 陽이 陰에게 보태주고 임금이 백성에게 보태주는 象이다. 互卦로 坤이 나타나는데 坤道는 유순하고, 또 外互卦로 艮이 나타나는데 艮은 陽을 그치게 하고 陰에게 보태주니, 陽을 그치게 하니 柔의 道가 행한다.[內外로 順하게 움직여 風雷가 益이고, 四象이 分明하니 剛柔가 정해진다.]

---

123) 六三의 오자인 듯하다.
124) 益卦, 「象傳」.

原文

與震爲飛伏.[庚辰土, 辛酉金.] 六三三公居世, 上九宗廟爲應. 建始甲辰至己酉.[清明, 秋分.] 積算起己酉至戊申,[起積配風雷益卦起宮.] 周而復始. 土金入震巽. 五星從位起歲星.[木星入卦.] 計宿從位降庚辰.[二十八宿, 分計宿入風雷益六二庚辰土上.] 分氣候二十八.[起二十八數, 積算吉凶, 周而復始.]

譯

震卦와 飛伏의 관계이다.[庚辰土와 辛酉金이다.] 六三의 三公이 世에 거처하고, 上 九는 宗廟로 應이 된다. 建은 甲辰에서 시작해서 己酉까지이다.[清明에서 秋分까지이다.] 積算은 己酉에서 일으켜 戊申에 이르니,[적산을 風雷益卦에 배합하여 宮에서 일으킨다.] 한 바퀴 돌아서 다시 시작한다. 土와 金이 震巽에 들어온다. 五星은 자리를 따라 歲星에서 일으킨다.[木星이 卦에 들어온다.] 計宿가 자리를 따라 庚辰에 내려온다.[28宿는 計宿를 분배해 風雷益의 六二인 庚辰土위에 들인다.] 氣候를 분배함에 28이다.[28수를 일으켜 吉凶을 적산하니 한 바퀴 돌아서 다시 시작한다.]

原文

陰陽二木合金土配象. 四時運轉, 六位交分. 休廢旺生吉凶見乎動爻. 配日月星辰進退, 運氣升降, 復當何位.[金水木火土.] 適變於外, 陰入陽爻, 二象健而動, 屬於天地也.[天陽, 震雷亦陽也. 二氣相激, 動而健, 天行也.] 陰陽相盪, 次降入天雷无妄卦.

譯

陰陽의 두 나무가 金과 土와 象을 배합한다. 四時가 운행하고 六位가 서귀어 休廢旺生의 吉凶이 動爻에 나타난다. 日月星辰과 배합하여 進退하며, 運氣가 升降함에 어느 자리에 돌아가는가?[金이나 水나 木이나 火나 土이다.] 外卦로 변해가서 陰이 陽에 들어가면 두 象이 굳건하게 움직이니 天地에 속한다.[天은 陽이고 震의 雷도 陽이다. 두 기운이 서로 부딪혀 움직임에 굳건하니 天行이다.] 陰陽이 서로 움직여 다음으로 天雷无妄卦에 들어간다.

6-5.
无妄 ䷘震下乾上

原文

无妄, 乾剛震動. 二氣運轉, 天下見雷. 行正之道, 剛正陽長, 物无妄矣. 內互見艮, 止於純陽, 外互見巽, 順於陽道. 天行健而動, 剛正於物, 物則順也. 金木配象, 吉凶明矣.[金木配乾震入卦.]

譯

无妄은 乾은 剛하고 震은 움직인다. 두 기운이 운전하며 하늘 아래 우레가 나타난다. 바름을 행하는 道는 剛의 바름으로 陽이 자라나니 물건마다 无妄하다. 內互卦 로 艮卦가 나타나 純陽에 그치고, 外互卦는 巽이 나타나 陽의 道를 따른다. 天行이 강건하게 움직이며 물건을 剛으로 바루니 물건도 따른다. 金과 木이 象을 배합함에 吉凶이 분명하다.[金과 木이 乾과 震에 배합해 卦에 들어간다.]

原文

與乾爲飛伏.[壬午火 , 辛未土.] 九四諸侯在世, 初九元士應上. 建始乙巳至庚戌.[小滿 , 寒露.] 積算起庚戌至己酉, 周而復始. 火土入乾震.[火土分乾震,入無妄卦起積算.] 五星從位起熒惑.[火星入卦定吉凶.] 牛宿從位降壬午.[二十八宿 , 分牛宿入無妄壬午火位上.] 分氣候三十六.[三十六數 , 起卦積算.]

譯

乾卦와 飛伏의 관계이다.[壬午火와 辛未土이다.] 九四의 諸侯가 世에 있고, 初九의 元士가 위로 應한다. 建은 乙巳에서 시작해서 庚戌까지이다.[小滿에서 寒露까지이다.] 積算은 庚戌에서 일으켜 己酉에 이르니, 한 바퀴 돌아서 다시 시작한다. 火와 土가 乾과 震에 들어온다.[火와 土가 乾과 震에 분배되어 無妄卦에 들어와서 積算을 일으킨다.] 五星은 자리를 따라 熒惑에서 일으킨다.[火星이 卦에 들어와 吉凶을 정한다.] 牛宿가 자리를 따라 壬午에 내려온다.[28宿는 牛宿를 분배해 无妄의 壬午火의 자리위에 들인다.] 氣候를 분배함에 36이다.[36數로 卦를 일으켜 積算한다.]

原文

上金下木, 二象相衝. 陰陽升降, 健而動. 內見一陽應動剛. 五行分配, 吉凶半矣.[二氣各爭.] 九五適變入文柔, 陰盪陽爻歸復位. 剛柔履次明在外, 進退吉凶見中虛, 次降入火雷噬嗑卦.

譯

上卦는 金이고 下卦는 木으로, 두 象이 相衝한다. 陰陽이 升降함에 강건하게 움직인다. 內卦에 一陽이 應으로 움직임이 강하다. 五行이 분배됨에 길흉이 반반이다.[두 기운이 각기 다툰다.] 九五가 변해가서 들어가 柔를 꾸민다. 陰이 陽爻를 움직여 자리로 복귀한다. 剛柔가 다음을 밟아 밝음이 外卦에 있어 進退의 吉凶이 中虛에서 나타나니, 다음으로 火雷噬嗑卦에 들어간다.

6-6.

噬嗑 ䷔震下離上

原文

噬嗑, 柔乘文剛, 積氣居中. 陰道明白, 動見文明. 雷電合分威光而噬嗑也. 易曰, 頤中有物曰噬嗑. 陰陽分中, 動而明.[象雷電也.] 物有不齊, 噬而合. 吉凶之道, 象於五行, 順則吉, 逆則凶. 火木合卦配升降.

譯

噬嗑卦는 柔가 剛을 타고 꾸미며 쌓인 기운이 가운데 있다. 陰道가 明白하여 움직임에 文明이 나타난다. 우레와 번개가 합해 위엄스런 빛을 나누어 噬嗑이 된다. 『주역』에 이르길, "턱 속에 물건이 있음을 噬嗑이라 한다."라고[125] 하였다. 陰陽이 반으로 나누어지고 움직이며 밝다.[우레와 번개를 상징하였다.] 물건이 가지런하지 못하면 씹어서 합한다. 吉凶의 道가 五行에 형상화되니 따르면 吉하고 거슬리면 凶하다. 火와 木이 卦에 합해 升降에 짝한다.

原文

與離爲飛伏.[己未土, 辛巳火.] 六五居尊, 應六二大夫. 建始丙午至辛亥.[芒種, 小雪.] 積算起辛亥至庚戌, 周而復始. 火土入離震.[分火土二位入噬嗑卦, 起積算爻, 推配星辰歲月日時進退吉凶.] 五星

---

125) 噬嗑卦 「象傳」.

從位起鎭星.[土星入卦.] 女宿從位降己未土.[二十八宿, 分女宿入卦六五己未土也.] 分氣候二十八.[從二十八位數起八卦, 算吉凶.]

譯

離卦와 飛伏의 관계이다.[己未 土와 辛巳 火이다.] 六五가 尊位에 거처해 六二의 大夫와 사응한다. 建은 丙午에서 시작하여 辛亥까지이다.[芒種에서 小雪까지이다.] 積算은 辛亥에서 일으켜 庚戌에 이르니, 한 바퀴 돌아서 다시 시작한다. 火와 土가 離와 震에 들어온다.[火와 土의 두 자리가 분배되어 噬嗑卦에 들어온다. 積算爻를 일으킴에 星辰과 歲月日時를 배합해서 進退의 吉凶을 추산한다.] 五星은 자리를 따라 鎭星에서 일으킨다.[土星이 卦에 들어온다.] 女宿가 자리를 따라 己未土에 내려온다.[28宿중 女宿가 분배되어 卦의 六五인 己未土에 들어온다.] 氣候를 분배함에 28이다.[28位數를 따라 八卦를 일으켜 吉凶을 추산한다.]

原文

火居水上, 陽中見陰, 陽雜氣渾而溷. 吉凶適變, 隨時見也, 返復陰遊魂入卦.[降下九四陽入陰.] 五行進退始終之道, 斯可驗矣. 升降六爻, 極返終下. 降山雷頤卦.

譯

火가 水위에 있어 陽中에 陰이 나타나면 陽의 氣가 섞여 흐려진다. 吉凶이 변해가며 때를 따라 나타나니, 돌이켜 陰으로 돌아가 遊魂이 卦에 든다.[九四의 陽을 내려서 陰에 들인다.] 五行이 進退하며 시작하고 마치는 도리를 이에 시험할 수 있다.

六爻를 升降함에 극도에 이르면 아래에서 마치니 山雷頤卦에 내려간다.

주나라 문왕

6-7.
頤 ䷚震下艮上

原文

頤, 六位上下, 周而復始. 內外交互, 降入純陰.[見坤象居中.] 地之氣萃在其中.[上下陽位包陰.]積純和之氣, 見浩然之氣, 明矣. 土木配象, 吉凶從六.[虛六虛卽六爻也.]

譯

頤는 六位의 上下를 한 바퀴 돌고 다시 시작한다. 內外가 서로 사귀어 내려와 純陰에 들어간다.[坤의 象이 가운데 있음이 나타난다.] 땅의 氣가 그 가운데 모여 있다.[上下의 陽자리가 陰을 포용한다.] 純和한 기운을 쌓아 浩然之氣가 나타남이 분명하다. 土와 木으로 象을 분배해 吉凶이 六虛를 따른다.[六虛는 곧 六爻이다.]

原文

與震爲飛伏.[丙戌土, 己酉金.] 六四諸侯在世, 元士之初九見應. 建始辛亥至丙辰.[小雪, 淸明.] 積算起丙辰至乙卯, 周而復始. 土木入艮震.[分土木二象, 入卦算吉凶.] 五星從位起太白.[金星西方, 入八月卦上沖.]虛宿從位降丙戌土.[二十八宿, 分虛宿入頤六四丙戌土上.] 分氣候三十六.[起數二十八, 推六爻吉凶之位.]

譯

震卦와 飛伏의 관계이다.[丙戌土와 己酉金이다.] 六四의 諸侯가 世에 있고, 元士인 初九가 應으로 나타난다. 建은 辛亥에서 시작해서 丙辰까지이다.[小雪에서 淸明까지이다.] 積算은 丙辰에서 일으켜 乙卯에 이르니, 한 바퀴 돌아서 다시 시작한다. 土와 木이 艮과 震에 들어온다.[土와 木의 두 象을 분배해서 卦에 들여 吉凶을 추산한다.] 五星은 자리를 따라 太白에서 일으킨다.[金星이 西方에서 八月卦에 들어와 위에서 충돌한다.] 虛宿는 자리를 따라 丙戌土에 내려온다.[28宿는 虛宿를 분배해서 頤의 六四인 丙戌土 위에 들인다.] 氣候를 분배함에 36이다.[數를 일으킴에 28로 六爻에서 吉凶의 자리를 추산한다.]

原文

山下有雷, 止而動. 陰陽通變, 分氣候, 內外剛而積中柔. 升降游魂下居六四位特分復歸於本.[遊魂返居六四, 入卦周始, 爻位遷次, 明矣.] 吉凶起於六四, 次環六位星宿躔次也. 極則反本, 降入歸魂山風蠱卦.

譯

山아래에 우레가 있어 그치고 움직인다. 陰陽이 통해 변하고, 氣候를 분배하고, 內外로 剛한데 가운데 柔를 쌓는다. 升降함에 游魂이 아래 六四의 자리에 거처하니 다만 本宮에 되돌아온 것이다.[遊魂이 돌아와 六四에 거처하니, 卦에 들어가 두루 시작하며 爻位를 옮겨 다니는 것이 분명하다.] 吉凶은 六四에서 일으키고, 다음으로 六位에 星宿가 돌아가며 머문다. 극도에 이르면 근본으로 돌아오니 내려와 歸魂인 山風蠱卦에 들어간다.

소강절

6-8.
蠱 ䷑巽下艮上

原文

蠱, 適六爻, 陰陽上下, 本道存也. 氣運周而復始. 山下見風, 止而巽, 內互悅而動. 易云, 蠱者事也. 先甲後甲, 事分而令行. 金土合木象. 復本曰歸魂.

譯

蠱는 六爻의 陰陽을 따라 陰陽이 오르고 내림에 근본의 도를 보존하니, 氣運이 돌아서 다시 시작한다. 山아래에 바람이 나타나고, 그치며 손순하고, 내부의 互卦는 기뻐하며 움직인다. 『주역』에 이르길, "蠱는 일이다."라고[126] 하였다. 甲보다 먼저하고 甲보다 뒤에 함에 일이 구분되고 명령이 시행된다. 金과 土가 木에 합하는 象이다. 근본에 돌아옴을 歸魂이라 한다.

原文

與震爲飛伏.[辛酉金 , 庚辰土.] 九三歸魂, 立三公在世, 應上九見宗廟. 建始庚戌至乙卯.[寒露 , 春分.] 積算起乙卯至庚寅, 周而復始. 土木入艮巽.[土木分艮巽宮.] 五星從位起太陰.[太陰水星入卦用.] 危宿從位降辛酉金.[二十八宿 , 危宿入巽歸魂山風蠱 , 九三辛酉金位上.] 分氣候二十八. [起積算數二十八 , 卦宮定吉凶.]

---

126) 『주역』, 「서괘전」.

譯

震卦와 飛伏의 관계이다.[辛酉金과 庚辰土이다.] 九三은 歸魂으로 三公을 세워 世에 있고, 應이 되는 上九는 宗廟에 나타난다. 建은 庚戌에서 시작해서 乙卯까지이다.[寒露에서 春分까지이다.] 積算은 乙卯에서 일으켜 庚寅에 이르니, 한 바퀴 돌아서 다시 시작한다. 土와 木이 艮과 巽에 들어온다.[土와 木이 艮巽宮에 배분된다.] 五星은 자리를 따라 太陰에서 일으킨다.[太陰의 水星이 卦에 들어와 작용한다.] 危宿가 자리를 따라 辛酉金에 내려온다.[28宿는 危宿가 巽의 歸魂인 山風蠱의 九三인 辛酉金자리 위에 들어온다.] 氣候를 분배함에 28이다. [積算을 일으키는 수가 28이니, 卦宮으로 吉凶을 정한다.]

原文

木上見土, 風落山貞. 幹於父事, 陰陽復位, 長幼分焉. 八卦循環始於巽, 歸魂內象見還元. 六爻進退, 吉凶在於四時, 積算起宮, 從乎建始.[卦用及身也.] 升陰陽, 巽宮適變入離, 文柔分矣. 陰入陽退見中虛, 次水中女. 八卦相盪, 陰陽定位, 遷入離宮八卦純火, 以日用事.

譯

木위에 土가 나타나고, 바람이 山을 떨어뜨린다. 아버지의 일을 정고하게 主幹하는데 陰陽이 자리에 돌아오고 長幼가 구분된다. 八卦의 循環이 巽에서 시작하여 歸魂의 內卦象에 되돌아와 나타난다. 六爻가 進退함에 吉凶은 四時에 있으니, 積算으로 宮에서 일으킴은 建의 시작을 따른다.[卦의 작용과 몸체이다.] 陰陽이 올라가 巽宮이 변해 離로 들어가면 柔를 꾸며 나누어진다. 陰이 들어가고 陽이 물러나면 中虛가 나타나니, 다음으로 中女에 들어간다.127) 八卦가 서로 움직여 陰陽이 자리를 정하니, 옮겨서 離宮八卦의 순전한 火에 들어가니, 해로써 작용한다.

127) 水는 入의 오자인 듯하다.

7-1.
離 ䷝離下離上

原文

離, 本於純陽, 陰氣貫中, 稟於剛健, 見乎文明. 故曰易. 君子以繼明照于四方.[離卦中虛 , 始於乾象. 純則健 , 不能柔明 , 故以北方陰氣貫中 , 柔剛而文明也.] 陽爲陰主, 陽伏於陰也.[成卦義在六五.] 是以體離爲日爲火. 始於陽象而假以陰氣, 純用剛健, 不能明照. 故以陰氣入陽, 柔於剛, 健而能順, 柔中虛, 見火象也.[是以離取中虛 , 氣炎方能照物. 日昌火本陽象也. 純以陰 , 又不能乾於物 , 純以陽 , 又暴於物 , 故取陰柔於中女 , 能成於物也.]

譯

離卦는 純陽에 근본하여 陰氣가 가운데를 뚫어 강건함을 받았으니 문명함이 나타난다. 그러므로 『주역』에 이르길, "군자가 이를 본받아 밝음을 이어 사방을 비춘다."라고[128] 하였다.[離卦는 가운데가 비어있는데 乾卦의 象에서 시작했다. 純하면 강건하여 부드럽게 밝힐 수 없기 때문에 北方의 陰氣가 가운데를 뚫어서 剛을 부드럽게 하여 文明한 것이다.] 陽은 陰의 주인으로 陽이 陰에 엎드려있다.[卦를 이루는 뜻은 六五에 있다.] 이로써 離卦는 해가 되고 불이 된다. 陽의 象에서 시작해 陰氣를 빌리니 순전히 강건함만을 쓰면 능히 밝게 밝히지 못한다. 그러므로 陰氣가 陽에 들어가 강건함을 柔하게 함으로 강건하면서 순하고, 柔로 가운데가

128) 離卦, 「大象傳」. 경전에는 君子가 아니라 大人이라고 되어 있다.

비어있어 불의 象을 나타낸다.[이로써 離가 中虛를 취하여 氣가 타올라 물건을 비출 수 있다. 해는 창성한 불로 본래 陽의 象이다. 순전히 陰만 쓰면 물건을 강건히 할 수 없고, 순전히 양만 쓰면 또 물건을 해치기 때문에 陰柔를 中女에서 취해 물건을 완성할 수 있다.]

原文

與坎爲飛伏.[己巳火, 戊子土.] 宗廟爲世, 應上見三公.[上九, 九三.] 建始戊申至癸丑.[立秋至大寒.] 積算起癸丑至壬子.[火取胎月至本月.] 周而復始. 土水二象入離火位.[土水二位入卦起算.] 五星從位起歲星.[木星入火宮卦.] 室宿從位降己巳火.[二十八宿, 分室宿入離宮上九己巳火上也.] 分氣候三十六. [積算起數三十六, 立位定吉凶.]

譯

坎卦와 飛伏의 관계이다.[己巳火와 戊子土이다.] 宗廟가 世가 되어 應에는 三公이 나타난다. 建은 戊申에서 시작해서 癸丑까지이다. 積算은 癸丑에서 일으켜 壬子에 이르니, 한 바퀴 돌아서 다시 시작한다. 土와 水의 두 象이 離卦의 불 자리에 들어온다.[土와 水의 두 자리를 괘에 넣어 계산을 일으킨다.] 五星은 자리를 따라 歲星에서 일으킨다.[木星이 火宮卦에 들어온다.] 室宿가 자리를 따라 己巳火에 내려온다.[28宿는 室宿를 분배해서 離宮의 上九인 己巳火의 위에 들인다.] 기후를 분배함에 36이 된다.[積算을 일으키는 수가 36으로 자리에 서서 吉凶을 정한다.]

原文

內外二象配於火土爲祥.[土火入離爲祥.] 互見悅順, 著於明麗.[兌巽二象.] 陰陽升降, 入初九適變從陰, 止於艮象.[內卦變也.] 吉凶從位起至六五. 休廢在何爻.[看當何位金水木火土, 與本宮刑宮.] 次降入火山旅卦.[初九爻變之.]

譯

內外 두 象이 火와 土와 배합하여 상서로움이 된다.[土火가 離卦에 들어와 상서롭다.] 互卦로 기뻐함과 순함이 보여 밝게 걸려 나타난다.[兌과 巽의 두 象이다.] 陰陽이 升降함에 初九로 들어가 변해가서 陰을 따르니 艮卦의 象에 그친다.[內卦가 變한 것이다.] 吉凶은 자리를 따라 일으켜 六五에 이른다. 休廢는 어느 효에 있는가?[어느 자리에 金水木火土가 本宮과 刑宮이 되는지를 살펴보아야 한다.] 다음으로 내려가서 火山旅卦에 들어간다.[初九爻가 변한 것이다.]

7-2.
旅 艮下離上䷷

原文

旅, 陰中見陽, 盪入陽中, 陰陽二氣交互見本象. 火居山上, 爲旅之義.[離爲陰 , 初九爲陽,艮爲陽 , 初六爲陰. 二氣交互 , 上下見本也. 火在上無止象 , 旅之義.] 易曰, 旅人先笑後號咷, 又曰, 得其資斧. 仲尼爲旅人, 固可知矣.[旅卦爲取象 , 火在山上顯露無止. 五行入卦消息 , 去此還也.]

譯

旅卦는 陰중에 陽이 나타나 움직여 陽 가운데 들어가니 陰陽의 두 기운이 사귀어 본래의 象이 나타난다. 불이 산위에 있어 旅의 뜻이 된다.[離는 陰卦이고 初九는 陽爻이며, 艮은 陽卦이고 初六은 陰爻이다. 두 기운이 서로 사귀어 上下에 근본이 나타난다. 불이 위에 있어 그치지 않는 상이 旅의 뜻이다.] 『주역』에 이르길 "나그네가 먼저는 웃고 나중에는 운다."라고[129] 하였고 또 "그 노자와 도끼를 얻는다."라고[130] 하였다. 공자께서 나그네였음을 정말 알 만하다.[旅卦에서 象을 취함에 불이 산위에 나타나 그침이 없는 것이다. 五行이 卦에 들어와 消息하니 이곳을 떠나가서 돌아온다.]

---

129) 旅卦, 上九爻辭.
130) 旅卦, 九四爻辭.

原文

與艮爲飛伏. [丙辰土，己卯木.] 其居初六元士, 九四諸侯見應. 建始己酉至甲寅. [秋分，立春.] 積算起甲寅至癸丑, 周而復始. 火 火土木入離艮. [火木土入卦起積算.] 五星從位起熒惑. [火星入卦見本象.] 壁宿從位降丙辰, [二十八宿，壁宿入旅卦初六丙辰土位上起算.] 分氣候三十六. [分三十六數起卦推算.]

譯

艮卦와 飛伏의 관계이다. [丙辰土와 己卯木이다.] 初六에 거처함은 元士이고, 九四의 諸侯가 應으로 나타난다. 建은 己酉에서 일으켜서 甲寅까지이다. [秋分에서 立春까지이다.] 積算은 甲寅에서 일으켜 癸丑에 이르니, 한 바퀴 돌아서 다시 시작한다. 火와 土와 木이 離卦와 艮卦에 들어온다. [火와 木과 土가 卦에 들어와 積算을 일으킨다.] 五星은 자리를 따라 熒惑에서 일으킨다. [火星이 卦에 들어와 근본의 象을 나타낸다.] 壁宿가 자리를 따라 丙辰에 내려온다. [28宿는 壁宿가 旅卦初六의 丙辰土 자리에 들어와 계산을 일으킨다.] 氣候를 분배함에 36이다.

原文

火土同宮, 二氣合應, 陰陽相對, 吉凶分乎陰位. 上九陽居宗廟, 得喪于易, 六五爲卦之主, 不係于一凶, 其宜也. 內象適變, 盪陰入陽, 巽順於外, 進退意器. 外象明應內爲鼎. 次降火從風入鼎. [初九之初六，六二之九二，巽爲風，離象火，曰鼎.]

譯

火와 土가 집을 함께하고 두 기운이 合해 應하며 陰陽이 서로 마주하니 吉凶이 陰의 자리에서 나누어진다. 上九는 陽으로 宗廟에 거처해 쉽게 잃고 얻으며, 六五는 卦의 주인으로 하나의 凶에 메이지 않음이 마땅하다. 內卦의 象이 변해가서 陰을 움직여 陽에 들어가니 밖으로 순손하고, 進退에 그릇을 생각한다. 外卦의 象은 밝아 內卦에 상응하니 鼎이 된다. 다음으로 火를 내리고 風을 따라 鼎으로 들어간다.[初九가 初六으로 변해가고, 六二가 九二로 변해가면, 巽은 바람이고 離는 불을 상징하여 鼎이라 한다.]

7-3.
鼎 ䷱巽下離上

原文

鼎, 木能巽火, 故鼎之象, 亨飪見新, 供祭明矣. 易曰, 鼎取新.[木見火中 , 發火木相資 , 象鼎之兆.下穴爲足 , 中虛見納飪熟之義, 明矣. 凡飪熟 , 亨祀爲先, 故曰供祭明矣. 變生也.] 陰陽得應, 居中履順, 三公之義, 繼於君也.[九三成鼎之德 , 六五委任得賢臣 , 假之位 , 以斯明矣.] 陰穴見火, 順於上也, 中虛見納, 受辛於內也. 金玉之鉉在乎陽, 饗新亨飪在乎陰.

譯

鼎은 나무가 불에 들어가기 때문에 鼎의 象이고, 음식을 삶아서 새로움을 나타내니 제사를 받듦이 분명하다. 『주역』에 이르길 鼎은 "새로움을 취한다."라고[131] 하였다.[나무가 불 가운데 보이고 불을 피우면 나무가 도와주니 鼎의 조짐을 상징한다. 아래의 구멍은 발이 되고 가운데가 비어있어 음식을 들여 익히는 뜻이 나타남이 분명하다. 음식을 익힘은 享祀를 우선하기 때문에 '제사를 받듦이 분명하다'고 하였다. 변화되어 나온다.] 陰陽이 相應함을 얻음에 中에 거처하고 순함을 밟으니 三公의 의리는 임금을 계승한다.[九三이 鼎의 德을 이루고 , 六五가 委任하여 현명한 신하를 얻는다. 자리를 假稱한 것은 이로써 분명하다.] 陰의 구멍에 火가 나타남은 위를 따름이고, 가운데가 비어 용납함을 보임은 안에서 새로움을 받아들이는 것이다. 金玉의 鉉은 陽에게 있고, 새것을 올리고 음

131) 『周易』, 「雜卦傳」.

식을 삶는 것은 陰에게 있다.

原文

與巽爲飛伏.[辛亥水, 己丑土.] 九二立大夫爲世, 六五居尊見應. 建始庚戌至乙卯.[寒露, 春分.] 積算起乙卯至甲寅, 周而復始. 分土木入離巽.[分土木二象入離巽, 配鼎卦.] 五星從位起鎭星.[土星入火宮.] 奎宿從位降辛亥水.[二十八宿, 分奎宿入鼎卦九二辛亥位上.] 分氣候三十六.[起宮數三十六宮配卦算吉凶.]

譯

巽卦와 飛伏의 관계이다.[辛亥水와 己丑土이다.] 九二의 大夫가 世가 되고 六五가 尊位에 거처하여 應을 나타낸다. 建은 庚戌에서 일으켜 乙卯까지이다.[寒露에서 春分까지이다.] 積算은 乙卯에서 일으켜 甲寅에 이르니, 한 바퀴 돌아서 다시 시작한다. 土와 木을 분배해서 離와 巽에 들인다. 五星은 자리를 따라 鎭星에서 일으킨다.[土星이 火宮에 들어온다.] 奎宿가 자리를 따라 辛亥水에 내려온다.[28宿는 奎宿를 분배하여 鼎卦 九二의 辛亥 위에 들인다.] 기후를 분배함에 36이다.[宮數를 일으킴에 36宮으로 卦에 배합해 吉凶을 추산한다.]

原文

火居木土, 二氣交合, 陰陽巽順, 器具形存. 金玉堅剛配象. 陰陽升降, 六位遞相遷. 次 九三適變, 以陽入陰, 見乎坎險.[鼎九三爻之義, 陰成坎卦. 外象, 內坎外離, 二氣不交, 見未濟卦.] 降入水火未濟卦.

譯

火와 木과 土에 거처하고 두 기운이 교합하여 陰陽이 손순하니 그릇이 갖추어지고 형체가 보존된다. 金과 玉이 견고하고 강해서 象에 배합한다. 陰陽이 升降하며 여섯 자리를 갈마들어 서로 옮긴다. 다음으로 九三이 변해가서 陽이 陰에 들어가 坎卦의 險이 나타난다.[鼎卦 九三爻의 뜻은 陰이 坎卦를 이룬다. 밖의 象은, 內卦가 坎이고 外卦가 離卦로 두 기운이 사귀지 않아 未濟卦로 나타난다.]

7-4.
未濟 ䷿坎下離上

原文

未濟, 陰陽二位, 各本本體, 六爻交互, 異於正象.[離炎上坎務下, 二象不合各殊. 陰陽交納, 是以異於本象也.] 故取未濟名之. 世應得位, 陰陽殊塗,[九二, 六五.] 性命不交, 吉凶列矣.[坎性, 離命.]

譯

未濟는 陰陽의 두 자리가 각각 本體에 근본하고 六爻가 서로 사귀어 바른 象과 다르기 때문에[離는 위로 타오르고 坎은 아래로 힘을 써서 두 象이 합하지 못해 각기 달리 한다. 陰陽이 사귀어 받아들이므로 본체의 象과 다르다.] '未濟'를 취하여 이름을 붙였다. 世와 應이 자리를 얻어 陰陽이 길을 달리하여 性命이 사귀지 못하니 吉凶이 나뉜다.[坎이 性이고, 離가 命이다.]

原文

與坎爲飛伏.[戊午火, 己亥水.] 六三三公爲世, 應宗廟.[上九.] 建始辛亥至丙辰.[小雪, 清明.] 積算起丙辰至丁卯. 水土二象入離坎.[分水土入卦.] 五星從位起太白.[金星入離宮, 卦分六爻.] 婁宿從位降戊午火[二十八宿, 分婁宿入未濟九二戊午火位上, 定吉凶, 入積算] 分氣候二十八.[積算二十八數至吉凶處.]

譯

坎卦와 飛伏의 관계이다.[戊午火와 己亥水이다.] 六三의 三公이 世가 되고 宗廟에 應한다.[上九] 建은 辛亥에서 시작해서 丙辰까지이다.[小雪에서 淸明까지이다.] 積算은 丙辰에서 일으켜 丁卯에 이른다. 水와 土 두 象이 離와 坎에 들어온다.[水와 土를 분배해서 卦에 들인다.] 五星은 자리를 따라 太白에서 일으킨다.[金星이 離宮에 들고 卦는 六爻로 나눈다.] 婁宿가 자리를 따라 戊午火에 내려온다. 氣候를 분배함에 28이다.[積算의 28數가 吉하고 凶한 곳에 이른다.]

原文

水火二象, 坎離相納, 受性本異, 立位見隔, 睽于上下吉凶生矣.[子午之位.] 受刑見害, 氣不合也. 陰陽昇降, 入於外卦, 適離爲艮, 上著於象.[艮上著離也.] 天地盈虛, 與時消息, 其大也. 次降入山水蒙卦.

譯

水火의 두 象으로 坎離가 서로를 받아들이니 타고난 성질이 본래 다르고, 서있는 자리가 떨어져 있으니 上下가 어긋나서 吉凶이 생한다.[子와 午의 자리이다.] 刑을 받고 害를 당함에 기운이 합하지 못한다. 陰陽이 승강함에 外卦에 들어가 離가 가서 艮이 되어 위에서 象을 드러낸다.[艮이 離의 위로 드러난다.] 천지의 盈虛가 때와 더불어 消息함이 위대하다. 다음으로 山水蒙卦에 들어간다.

7-5.
蒙 ䷃坎下艮上

原文

蒙, 積陽居陰, 止於坎陷. 養純正素, 居中得位. 易云山下出泉蒙. 二象摽正, 天下通也. 擊暗釋疑, 陽道行也. 內實外正, 暗得明, 陰附於陽, 稚道亨也. 故曰蒙養正.

譯

蒙은 쌓인 陽이 陰에 거처해 坎의 陷함에 그쳐있다. 순수함을 길러 소질을 바르게 한다. 中에 거처하고 자리를 얻었다. 『주역』에 이르길, "산 아래에 샘이 나오는 것이 蒙이다."라고[132] 하였다. 두 상으로 바르도록 치는 것은 天下에 공통된 것이다. 어둠을 깨치고 의심을 풀어 陽의 道가 행해진다. 안은 성실하고 밖은 바르니 어둠이 밝음을 얻고 陰이 陽을 따라 어린 자의 道가 형통하다. 그러므로 이르길, "蒙은 바름을 기른다."라고[133] 하였다.

原文

與艮爲飛伏.[丙戌土, 乙酉金.] 諸位立世, 元士爲應.[六四, 初六.] 建始壬子至丁巳.[大雪, 小滿.] 積算起丁巳至丙辰, 周而複始. 火土入艮坎.[火土二象入卦同算.] 五星從位起太陰.[水星北方, 入宮起

132) 蒙卦, 「大象傳」.
133) 蒙卦, 「象傳」.

算.] 胃宿從位降丙戌土.[二十八宿, 分胃宿入蒙卦六四丙戌土上.] 分氣候三十六.[起數二十八, 從六位推算.]

譯

艮卦와 飛伏의 관계이다.[丙戌土와 乙酉134) 金이다.] 諸侯가 世에 서고 元士가 應이 된다.[六四와 初六이다.] 建은 壬子에서 시작해서 丁巳까지이다.[大雪에서 小滿까지이다.] 積算은 丁巳에서 일으켜 丙辰에 이르니, 한 바퀴 돌아서 다시 시작한다. 火와 土가 艮과 坎에 들어온다.[火와 土의 두 象이 卦에 들어와 함께 계산한다.] 五星은 자리를 따라 太陰에서 일으킨다.[水星이 北方에서 宮에 들어와 계산을 일으킨다.] 胃宿가 자리를 따라 丙戌土에 내려온다.[28宿는 胃宿를 분배해서 蒙卦의 六四인 丙戌土위에 들인다.] 氣候를 분배함에 36이다.[일으킨 數인 28을 六位를 따라 推算한다.]

原文

山下見水, 畜聚居中, 分流萬派. 六位不居, 吉凶適變, 水土分也. [五行入卦算吉凶, 逐四時行囚廢王, 吉則王, 凶則廢.] 陰陽進退, 歲時物也. 六五陽中積陰, 入巽見陰中陽. 二氣相蕩, 不可盈望. 次降入風水渙卦. [六五變入九五, 陽中陰入陽中陽, 適變往於他宮, 位不出本宮.]

譯

산 아래에 물이 나타나 가운데 쌓여 모어서 여러 갈래로 나누어 흘러간다. 여섯 자리에 가만히 있지 않아 吉凶이 변해간

134) 己酉가 되어야 한다.

다. 水와 土로 나누어졌다.[五行이 卦에 들어와 吉凶을 推算하니, 四時를 따라 行하고 囚하고 廢하고 王하니 , 吉하면 王하고 凶하면 廢한다.] **陰陽의 進退는 歲時의 물건이다. 六五는 陽가운데 쌓인 陰이 巽에 들어가서 陰가운데 陽이 나타난다. 두 기운은 서로 움직이니 보름으로 꽉차있을 수 없다. 다음으로 내려와 風水渙卦에 들어간다.** [六五가 변해 九五에 들어간다. 陽가운데 陰이 陽가운데 陽에 들어가 다른 宮으로 변해 가지만 자리는 本宮에서 벗어나지 않는다.]

7-6.
渙 ䷺坎下巽上

原文

渙, 水上見木, 渙然而合. [渙者 , 散也.] 內外健而順 , 納實居中正 , 互見動而上[虛舟行也.] 陰陽二象 , 資而益也. 風行水上 , 處險非溺也.[木浮於水也.] 九五履正思順 , 非偪也.[偪通逼 , 音義同.]

譯

물 위에 나무가 나타나 흩어지면서 합한다.[渙은 흩어짐이다.] 內外가 강건하며 순하며, 실질을 들여 中正에 거처하고, 互體로 움직이며 그쳐있다[135].[빈 배가 다닌다.] 陰陽 두 象이 도우며 보탠다. 바람이 물 위에 부니 험함에 거처하지만 빠지지는 않는다.[나무가 물위에 떠다닌다.] 九五가 바름을 이행하고 순함을 생각하니 핍박하지 않는다.[偪은 逼과 통하니 音과 뜻이 같다.]

原文

與巽爲飛伏.[辛巳火 , 己未土.] 九五居尊 , 大夫應.[九二爻也.]建始癸醜至戊午.[大寒 , 芒種.] 積算起戊午至丁巳 , 周而複始. 火土入坎巽.[火土二象入坎巽 , 配火宮渙卦起算.] 五星從位起歲星.[木星入火宮本象.] 昴宿從位降辛巳火.[二十八宿 , 分昴宿入渙九五辛巳火位上.] 分氣候其數二十八.[起算從二十八位上推六爻吉凶 , 歲月日時爲候.]

---

135) 上은 止의 오자인 듯하다.

譯

巽卦와 飛伏의 관계이다.[辛巳火와 己未土이다.] 九五가 尊位에 거처하고 大夫가 應이 된다.[九二爻이다.] 建은 癸丑에서 시작해서 戊午까지이다.[大寒에서 芒種까지이다.] 積算은 戊午에서 丁巳에 이르니, 한 바퀴 돌아서 다시 시작한다. 火와 土가 坎과 巽에 들어온다.[火와 土의 두 象이 坎과 巽에 들어와서 火宮의 渙卦와 배합하여 계산을 일으킨다.] 五星은 자리를 따라 歲星에서 일으킨다.[木星이 火宮의 本象에 들어온다.] 昴宿가 자리를 따라 辛巳火에 내려온다.[28宿는 昴宿를 분배해서 渙卦 九五인 辛巳火위에 들인다.] 氣候를 분배함에 그 수가 28이다.[계산을 일으킴은 28자리 위를 따라 六爻의 吉凶을 추산하니, 歲月日時가 기후가 된다.]

原文

內卦坎中滿. 一陽居中, 積實於內, 風在外行, 虛聲外順. 吉凶之位, 考乎四序, 盛衰之道, 在乎機要. 陰陽死於位, 生於時, 死於時, 生於位. 進退不可詰, 正盛則衰來, 正衰則盛來. 易曰. 積善之家必有餘慶, 積不善之家必有餘殃. 八卦始終, 六虛反復, 遊魂生巽入乾, 爲天水訟卦.

譯

內卦인 坎은 가운데가 차있다. 一陽이 中에 있어 안은 쌓여서 차있고, 바람은 밖에서 불어 빈 소리가 밖으로 順하다. 吉凶의 자리는 네 가지 순서에서 살피고, 盛衰의 道는 機要에 달려있다. 陰陽은 位에서 죽으면 時에서 살고, 時에서 죽으면 位에서 산다. 進退를 따질 수 없으니, 정말 盛하면 衰함이 오고, 정말 衰하면 盛함이 온다. 『주역』에 이르길, “善을 쌓은 집에는 남는 경사가 있고 不善을 쌓은 집에는 남는 재앙이 있다.”라고 하였다. 八卦의 始終이 六虛를 反復하니, 遊魂이 巽에서 나서 乾에 들어가 天水訟卦가 된다.

7-7.
訟 ䷅坎下乾上

原文

訟, 生生不絕之謂道, 六位不居, 返爲遊魂. 離宮八卦以訟爲反四, [五至四也.] 天與水違曰訟.[天道西行, 水東流, 其路背也. 外象乾, 西北方之卦, 內坎水, 正北方之卦, 其流東也, 二氣不交, 曰訟.] 五行所占六位定吉凶, 非所背, 順爲正. 金與水, 二氣相資, 父子之謂, 健與險, 內外相激, 家國之義. 出象故以則, 斯可驗矣.

譯

訟은, 낳고 낳아 끊임이 없는 것이 道로, 六位에 가만히 있지 않아 돌이켜 遊魂이 되니, 離宮八卦에서는 訟으로써 四에 돌이킨다.[五爻에서 四爻에 이른다.] 하늘이 물과 어김을 訟이라 한다.[天道는 西行하고 水는 東流하여, 가는 길이 위배된다. 外象은 乾으로 西北方의 卦이고, 內卦의 坎水는 正北方의 卦로 그 흐름이 동쪽으로 가서, 두 기운이 사귀지 않아 訟이라 한다.] 五行으로 占친 六位의 吉凶을 정함에, 그른 것은 등지는 바이고, 順한 것은 바름이 된다. 金과 水의 두 기운이 서로 의지함은 父子를 말함이고, 강건하며 험해 內外가 서로 부딪침은 家國의 뜻이다. 象을 내기 때문에 본받는 것을 여기서 증험할 수 있다.

原文

與巽爲飛伏.[壬午火, 辛未土.] 諸侯居世, 元士見應.[九四, 初六.] 建始戊午至癸亥.[芒種, 小雪.] 積算起癸亥至壬戌, 周而複始. 火水入卦.[火水二象入離宮 , 配六位積算 , 推日月歲時.] 五星從位起熒惑.[火星入火宮 , 同起積算.] 畢宿從位降壬午火.[二十八宿 , 分畢宿, 東方宿入離遊魂天水訟卦九四壬午火上也.] 分氣候三十六.[起宮從三十六位算吉凶.]

譯

巽卦와 飛伏의 관계이다.[壬午火와 辛未土이다.] 諸侯가 世에 거처하고, 元士가 應으로 나타난다.[九四와 初六이다.] 建은 戊午에서 시작해서 癸亥까지이다.[芒種에서 小雪까지이다.] 積算은 癸亥에서 일으켜 壬戌에 이르니 , 한 바퀴 돌아서 다시 시작한다. 火와 水가 卦에 들어온다.[火와 水의 두 象이 離宮에 들어와 六位에 배속되어 積算하며 日月歲時를 추산한다.] 五星은 자리를 따라 熒惑에서 일으킨다.[火星이 火宮에 들어와 함께 積算을 일으킨다.] 畢宿가 자리를 따라 壬午火에 내려온다.[28宿는 畢宿가 분배되어 東方의 별자리로 離의 遊魂인 天水訟卦의 九四爻 壬午火위로 들어온다.] 氣候를 분배함에 36이다.[宮에서 일으켜 36위를 따라 吉凶을 추산한다.]

原文

天下見水 , 陰陽相背 , 二氣不交 , 物何由生. 吉凶宗於上九 , 進退見於九四, 二居中履正 , 得其宜也. 陰陽升降 , 復歸內象, [陰去陽來復本位 , 內見離 , 同人.] 次降天火同人卦.[次本陽上下 , 二爻陰 , 適變從離也.]

譯

하늘 아래 물이 나타나 陰陽이 서로 등져 두 기운이 사귀지 않으니 어떤 물건이 나오겠는가? 吉凶은 上九를 종주로 삼고, 進退는 九四에 나타나며, 二爻는 中에 거처해 正을 밟고 있어 마땅함을 얻었다. 陰陽이 升降함에 內象으로 복귀하면, [陰이 가고 陽이 本位로 돌아오면 內卦에 離가 나타나 同人이다.] 다음으로 天火同人卦에 내려온다. [다음으로 본괘인 陽이 上下에 있고 二爻는 陰으로 변해 離卦를 따른다.]

7-8.
同人 ䷌離下乾上

原文

同人, 二氣同進, 健而炎上.[乾務上, 離務下.] 同途異致, 性則合也. 易曰, 出門同人, 又誰咎也.九二得位居中, 六三積陰待應. 易曰, 先號咷而後笑.[隔於陽位, 不能決勝, 先故曰號咷, 後獲合方喜也, 故曰後笑也.] 八卦復位, 六爻遷次, 周而復始. 上下不停, 生生之義, 易道祖也. 天與火, 明而健, 陽道正, 陰氣和也.[六二居內卦中, 能奉於陽.] 吉凶故象, 五行昭然.[金木水火土, 配六位相生.]

譯

同人은 두 기운이 함께 나아가 강건하며 위로 타오른다.[乾은 위에서 힘쓰고, 離는 아래에서 힘쓴다.] 같은 길을 다르게 이르지만 성질은 합한다. 『주역』에 이르길, "문을 열고 나아가 사람들과 함께 하니 또 누가 탓하겠는가?"라고 하였다. 九二는[136] 자리를 얻고 중에 거처하고, 六三은[137] 陰을 쌓아 應을 기다린다. 『주역』에 이르길, "먼저는 울부짖다가 나중에는 웃는다."라고 하였다.[陽 자리에게 막혀서 승리를 결정하지 못하기에 먼저는 울부짖지만, 나중엔 합함을 얻어 기뻐하기 때문에 나중엔 웃는다.] 八卦가 자리로 돌아오는데 六爻를 옮겨 다니며 한 바퀴 돌아서 다시 시작한다. 上下에 머무르지 않음은 生生의 뜻이며 易道의 근본이다. 하늘이 불과 함께해 밝고 강건하니, 陽道는 바

---

136) 九二가 아니라 九五가 되어야할 듯하다.
137) 六三이 아니라 六二가 되어야 할 듯하다.

르고 陰氣는 온화하다.[六二가 內卦의 中에 거처해서 陽을 받들 수 있다.] 吉凶의 연고와 상이 五行으로 밝혀진다.[金木水火土가 六位에 배합하여 相生한다.]

原文

與坎爲飛伏.[己亥水, 戊午火.] 歸魂立三公爲世, 上九宗廟爲應候. 建始丁巳至壬戌.[小滿, 寒露.] 積算起壬戌至辛酉, 周而複始. 火土入乾離.[火土二象入乾離, 配六宮起積算.] 五星從位起鎮星.[土星入卦, 定其吉凶.] 觜宿從位降己亥水.[二十八宿, 分觜宿入離歸魂, 配天火同人九三己亥水上.] 分氣候二十八.[起積算二十八位數, 巡六爻有吉凶入何位.]

譯

坎과 飛伏의 관계이다.[己亥水와 戊午火이다.] **歸魂으로 三公에 서서 世가 되고, 上九는 宗廟로 候에 應한다. 建은 丁巳에서 시작해서 壬戌까지이다.**[小滿에서 寒露까지이다.] **積算은 壬戌에서 일으켜 辛酉에 이르니, 한 바퀴 돌아 다시 시작한다. 火와 土가 乾과 離에 들어온다.**[火와 土의 두 象이 乾과 離에 들어오고, 六宮에 배분되어 積算을 일으킨다.] **五星은 자리를 따라 鎮星에서 일으킨다.**[土星이 卦에 들어와 吉凶을 정한다.] **觜宿가 자리를 따라 己亥水에 내려온다.**[28宿는 觜宿가 분배되어 離의 歸魂에 들어와서 天火同人의 九三인 己亥水위에 배합한다.] **氣候를 분배함에 28이다.**[積算을 28자리의 수에서 일으켜서 六爻를 따라 吉凶이 어느 자리에 들어간다.]

原文

火上見金，二氣雖同，五行相悖. 六爻定位，吉凶之兆在乎五二，得時則順，失時則逆. 陰陽升降，歲月分焉, 爻象相蕩，內外適變. 八卦巡迴，歸魂復本, 本靜則象生，故適離爲兌入少女，分八卦於兌象. [坎入兌宮八卦.]

譯

불 위에 金이 나타나 두 기운이 같지만 五行이 서로 어그러진다. 六爻가 자리를 정함에 吉凶의 조짐이 五爻와 二爻에 들어있다. 때를 얻으면 순하고 때를 잃으면 거스른다. 陰陽이 升降함에 歲月이 나누어지고, 爻象이 서로 움직여 內外가 변해간다. 八卦가 巡迴하여 근본으로 복귀하니 근본은 고요해서 象을 生한다. 그러므로 離가 변해가서 兌가 되어 少女에 들어가니，八卦를 분배함을 兌象에서 한다.[坎이 兌宮八卦에 들어간다.]

8-1.
兌 ䷹兌下兌上

原文

兌, 積陰爲澤, 純金用體, 畜水凝霜, 陰道同也. 上六陰生, 與艮爲合.[兌下六陰凝, 艮土於陽健, 納兌爲妻, 二氣合也.]土木入兌, 水火應之. 二陰合體, 積於西郊.[秋王.]衝艮入乾, 氣類陰也. 配象爲羊, 物類同也.

譯

陰이 쌓여 못이 되고 純金으로 卦體를 사용한다. 축적된 물과 엉긴 서리는 陰의 道로서는 동일하다. 上六에 陰이 생겨 艮卦와 배합한다.[兌는 아래에서 六의 陰이 엉기고, 艮의 土는 陽으로 강건하니 兌를 들여서 妻로 삼아 두 기운이 배합한다.]土와 木이 兌에 들어오고, 水와 火가 상응한다. 두 陰이 몸을 합해 서쪽 들판에서 쌓인다.[가을이 왕하다.] 艮을 충동해서 乾에 들어간다. 氣類가 陰이다. 象에 배속함에 羊이 되니 그런 물건의 종류는 동일하다.

原文

與艮爲飛伏.[丁未土, 丙寅木.] 上六宗廟在世, 六三三公爲應. 建始乙卯至庚申.[春分, 立秋.] 積算起庚申至己未, 周而復始. 金土入兌宮.[金土入兌宮起積算.] 五星從位起太白.[太白金星入卦.]參宿從位降丁未土.[二十八宿, 分參宿入兌上六丁未土上.] 分氣候三十

六.[起宮算從三十六數, 起定吉凶.]

譯

艮卦와 飛伏의 관계이다.[丁未土와 丙寅木이다.] 上六의 宗廟가 世에 있고, 六三의 三公이 應이 된다. 建은 乙卯에서 일으켜 庚申까지이다.[春分에서 立秋까지이다.] 積算은 庚申에서 일으켜 己未에 이르니, 한 바퀴 돌아서 다시 시작한다. 金과 土가 兌宮에 들어온다.[金과 土가 兌宮에 들어와 積算을 일으킨다.] 五星은 자리를 따라 太白에서 일으킨다.[太白의 金星이 卦에 들어온다.] 參宿가 자리를 따라 丁未土에 내려온다.[28宿는 參宿를 분배해서 兌卦 上六의 丁未土위에 들인다.] 氣候를 분배함에 36이다. [宮에서 일으켜 추산함에 36수를 따라 일으켜서 吉凶을 정한다.]

原文

內卦互體見離巽, 配火木入金宮. 分貴賤於強弱,[火強木弱.] 吉凶隨爻算, 歲月運氣逐休王. 陰陽升降, 變初九入初六, 陽入陰, 爲坎象. 正體見陽位, 剛柔分, 吉凶見也. 適變內象入坎, 爲困卦.[兌內卦初九變入坎.]

譯

卦안의 互體가 離와 巽이니 火와 木을 배합해 金宮에 들인다. 貴賤을 強弱에 따라 나누고,[火는 強하고 木은 弱하다.] 吉凶을 爻에 따라 추산하니 歲月의 運氣가 休王을 따른다. 陰陽이 升降함에 初九가 변해서 初六에 들어가니, 陽이 陰에 들어가 坎의 象이 된다. 正體가 陽位에 나타나 剛柔가 나뉘고 吉凶이 나타

난다. 內卦의 象이 변해서 坎에 들어가 困卦가 된다.[兌의 內卦에서 初九가 변해 坎으로 들어간다.]

8-2.
困 ䷮坎下兌上

原文

困, 澤入坎險 , 水不通困. 外稟內剛 , 陰道長也. 陰陽不順 , 吉凶生也. 易云, 困於石據於蒺藜, 入於其宮不見其妻凶. 上下不應 , 陰陽不交 , 二氣不合.[困卦上下無應 , 陰陽不交. 六三陰 , 上六亦陰 , 無匹. 入九五求陽 , 陽亦無納也.] 五行配六位 , 生悔吝 , 四時休王. 金木交爭 , 萬物之情在乎幾微.

譯

困은 못이 坎의 險함에 들어가 물이 流通하지 않아 困하다. 밖에서 안의 剛함을 품어 陰의 道가 자라난다. 陰陽이 順하지 못해 吉凶이 생한다. 易에 이르길, "돌에 곤하며 가시덤불에 의거하고 있다. 그 집에 들어가도 아내를 보지 못해 凶하다." 라고138) 하였다. 上下가 應하지 않고 陰陽이 사귀지 않아 두 기운이 합하지 못한다.[困卦는 上下가 應함이 없고 , 陰陽이 사귀지 않는다. 六三이 陰인데 上六도 陰이라서 짝이 없다. 九五에 들어가 陽을 구함에 陽도 용납함이 없다.] 五行이 六位에 배속되어 悔吝이 생하고 , 四時에 따라 休王한다. 金과 木이 서로 다투니 萬物의 실정은 幾微에 들어있다.

---

138) 困卦 六三 爻辭.

原文

與坎爲飛伏.[戊寅木, 丁巳火.] **初六元士爲世, 九四諸侯在應. 建始丙辰至辛酉.**[清明, 秋分.] **積算起辛酉至庚申, 周而復始. 土金入坎兌.**[分土金入坎兌, 配金宮起算.]**五星從位起太陰.**[水宿入兌卦起算.] **井宿從位降戊寅.**[二十八宿, 分井宿入困卦初六戊寅木.] **分氣候其數二十八.**[二十八起宮入積算, 定吉凶.]

譯

坎卦와 飛伏의 관계이다.[戊寅木과 丁巳火이다.] **初六의 元士가 世가 되고, 九四의 諸侯가 應에 있다. 建은 丙辰에서 시작해서 辛酉까지이다.**[清明에서 秋分까지이다.] **積算은 辛酉에서 일으켜 庚申에 이르니, 한 바퀴 돌아서 다시 시작한다. 土와 金이 坎과 兌에 들어온다.**[土와 金을 배분해서 坎과 兌에 들이고, 金宮에 배합하여 계산을 일으킨다.] **五星은 자리를 따라 太陰에서 일으킨다.**[水宿이 兌卦에 들어와 계산을 일으킨다.] **井宿가 자리를 따라 戊寅에 내려온다.**[28宿는 井宿를 분배해서 困卦 初六의 戊寅 木에 들인다.] **氣候를 분배함에 그 數가 28이다.**[28로 宮에서 일으켜 積算에 들여서 吉凶을 정한다.]

原文

坎象互見離火入兌, 金水見運, 配吉凶. 陰陽升降, 坎入坤, 陰氣凝盛, 降入萃.[變通入萃卦.]

譯

坎의 象에 互體에 보이는 離火가 兌에 들어가고, 金水가 움직임을 나타내 吉凶과 배합한다. 陰陽이 升降함에 坎이 坤으로 들어가 陰氣가 성하게 엉겨서 내려와 萃卦에 들어간다.[變通하여 萃卦에 들어간다.]

8-3.
萃 ䷬坤下兌上

原文

萃金火分氣候，土木入兌宮升降. 陰氣盛，剛柔相應，合九五，定群陰，二氣悅而順.[萃卦丁酉金，乙巳火，二象刑而合也.] 澤上於地，積陰成萃. 易曰，萃者，聚也. 吉凶生，陽氣合而悅.[凡聚衆，必愼防閑假. 陽爲主. 成萃之義. 伏戎必豫備，衆聚去疑心.]

譯

萃卦는 金과 火로 氣候를 구분하고，土와 木이 兌宮에 들어와 升降한다. 陰氣가 盛하고，剛柔가 相應하며 九五와 합해서 많은 陰들을 정하니, 두 기운이 기뻐하며 순하다.[萃卦의 丁酉金과 乙巳火의 두 象이 刑하면서 合한다.] **못이 땅위에 있어 陰이 쌓여 萃를 이룬다. 『주역』에 이르길, "萃는 모임이다."라고**[139] **하였다. 吉凶이 生하고 陽氣가 合하여 기뻐한다.**[무리를 모음에 한 가로울 때 반드시 조심하고 방비해야 하며 陽이 주장한다. 萃를 이루는 뜻은 엎드려 경계하며 반드시 미리 준비해야만 무리들이 모이고 疑心하지 않는다.]

原文

與坤爲飛伏.[乙巳火，丁卯木.] 六二大夫居世，九五至尊見應. 建始戊寅至癸未.[立春，大暑.] 積算起癸未至壬午，周而復始. 土木

139) 萃卦 「象傳」.

入坤兌.[分土木入兌宮起算.] 五星從位起熒惑.[火星入金水宮推吉凶也.] 翼宿從位降乙巳.[二十八宿, 分翼宿入萃六二位上.] 分氣候二十八.[積算起二十八數, 六爻見吉凶.]

譯

坤卦와 飛伏의 관계이다.[乙巳火와 丁卯木이다.] 六二의 大夫가 世에 거처하고, 九五의 至尊이 應에 나타난다. 建은 戊寅에서 시작해서 癸未까지이다.[立春에서 大暑까지이다.] 積算은 癸未에서 일으켜 壬午에 이르니, 한 바퀴 돌아서 다시 시작한다. 土와 木이 坤과 兌에 들어온다.[土와 木을 분배해서 兌宮에 들여 계산을 일으킨다.] 五星은 자리를 따라 熒惑에서140) 일으킨다.[火星이 金水宮에 들어와 吉凶을 추산한다.] 翼宿가 자리를 따라 乙巳에 내려온다.[28宿는 翼宿를 분배해서 萃卦 六二의 자리 위에 들인다.] 氣候를 분배함에 28이다.[積算은 28數를 일으키니 六爻에 吉凶이 나타난다.]

原文

澤下見坤, 二氣順, 土木入宮, 有愛惡.[木惡土愛也.] 陰陽升降, 陽氣來, 止於坤象, 互見艮.[艮爲陽.] 兌象納艮, 陰氣強.[男下女.] 次降澤山咸卦.

譯

못 아래에 坤이 나타나 두 기운이 順하고, 土와 木이 宮에 들어와 사랑과 미움이 있게 된다.[木은 미움이고 土는 사랑이다.] 陰陽이 升降함에 陽氣가 와서 坤의 象에 그치니 互卦로 艮이

140) 歲星이 되어야 한다.

나타난다.[艮은 陽이 된다.] **兌象이 艮을 들여 陰氣가 강하다.**[남자가 여자의 아래에 있다.] **다음으로 澤山咸卦로 내려간다.**

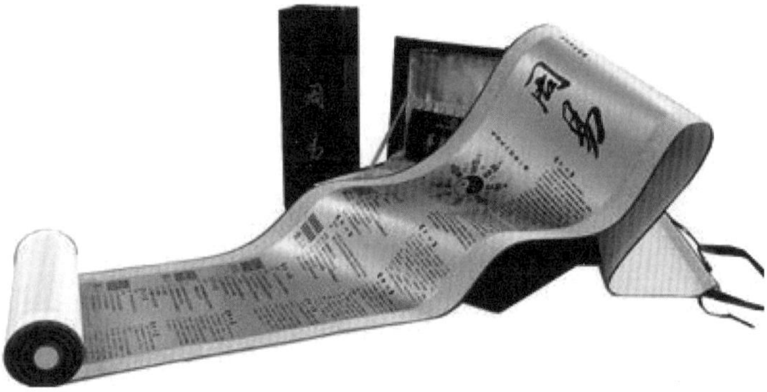

8-4.
咸 ䷞艮下兌上

原文

咸, 山下有澤, 虛已畜物. 陽中積陰, 感於物也. 陽下於陰, 男女之道, 內外相應, 感類於象也. 六二待聘, 九五見召, 二氣交感, 夫婦之道, 體斯合也. 易曰, 咸感也, 利取吉女. [艮少男, 兌少女, 男下於女, 取婦之象.]

譯

咸卦는 山의 아래에[141] 못이 있어 자기를 비워 물건을 쌓는다. 陽가운데 陰을 쌓아 물건을 느낀다. 陽이 陰의 아래에 있으니 男女의 道이고, 內外가 相應하니 象에서 동류를 느낀다. 六二는 찾아옴을 기다리고 九五는 부름을 당해, 두 기운이 交感하니 夫婦의 道가 이 卦體와 부합한다. 『주역』에 이르길, "咸은 느낌이고, 길한 여자를 취하면 이롭다."라고[142] 하였다.[艮은 少男이고, 兌는 少女이고, 남자가 여자의 아래에 있어 아내를 취하는 象이다.]

原文

與艮爲飛伏.[丙申金, 丁丑土.] 九三三公居世, 上六宗廟爲應. 建始戊午至癸亥.[芒種, 小雪.] 積算起癸亥至壬戌, 周而復始. 火土

141) 山上이 되어야 한다.
142) 取女吉.

入艮兌.[分火土象入艮兌也.]　五星從位起熒惑.[火星南方入金宮.] 柳宿從位降丙申.[二十八宿，分柳宿入咸九三丙申金爻上.]　分氣候三十六.[積算起數，分三十六位起吉凶.]

譯

艮卦와 飛伏의 관계이다.[丙申金과 丁丑土이다.] 九三의 三公이 世에 거처하고, 上六의 宗廟가 應이 된다. 建은 戊午에서 시작해서 癸亥까지이다.[芒種에서 小雪까지이다.] 積算은 癸亥에서 일으켜 壬戌에 이르니, 한 바퀴 돌아서 다시 시작한다. 火와 土가 艮과 兌에 들어온다.[火와 土의 象이 艮과 兌에 들어온다.] 五星은 자리를 따라 熒惑에서 일으킨다.[火星이 南方에서 金宮에 들어온다.] 柳宿가 자리를 따라 丙申에 내려온다.[28宿는 柳宿를 분재해서 咸卦 九三의 丙申 金爻위에 들인다.] 氣候를 분배함에 36이다.[積算으로 數를 일으켜 36위를 분배해서 吉凶을 일으킨다.]

原文

土上見金，母子氣和，陰陽相應，剛柔定位.　吉凶隨爻，受氣出則吉，刑則凶.　陰陽等降入外險，止於內象，爲山水蹇卦.[九四爻之入陰中剛.]

譯

土위에 金이 나타나 母子의 기운이 온화하며, 陰陽이 相應하니, 剛柔가 자리를 정한다. 吉凶은 爻를 따라서 氣를 받아 나오면 吉하고 刑하면 凶하다. 陰陽이 한 단계 내려와 外卦의 險함으로 들어가고 內卦의 象은 그치니 山水蹇卦가[143] 된다.

[九四爻가 가서 陰中의 剛으로 들어간다.]

143) 水山蹇卦이다.

8-5.
蹇 ䷦艮下坎上

原文

蹇, 利於西南, 民道通也. 水在山上, 蹇險難進, 陰陽二氣否也. 陰待於陽, 柔道牽也. 險而逆止, 陽固陰長. 處能竭至誠, 於物爲合, 蹇道亨也. 易曰, 王臣蹇蹇, 匪躬之故.[六二.]

譯

蹇은 西南이 이롭고 백성의 道가 通한다. 물이 山위에 있어 험난해서 나아가기 힘들고, 陰陽의 두 기운이 막힌다. 陰은 陽을 기다려 柔의 道가 견제된다. 험하여 거슬리고 그치며, 陽은 견고하고 陰은 자라나, 처리함에 지극한 정성을 다해 물건과 합하니 蹇의 道가 형통하다. 『주역』에 이르길, “임금과 신하가 어렵고 어려움은 자신의 연고가 아니다.”라고 하였다. [六二이다.]

原文

與坎爲飛伏.[戊申金, 丁亥水.] 六四諸侯居世, 初六元士在應. 建始己未至甲子.[大暑, 大寒.] 積算起甲子至癸亥, 周而復始. 土水入坎艮.[水土二象入艮, 配金宮起算.] 五星從位起鎭星.[土星入金宮.] 星宿從位降戊申.[二十八宿, 分星宿入蹇六四戊申金上.] 分氣候其數三十六.[積算起數三十六, 從六位五行.]

譯

坎卦와 飛伏의 관계이다.[戊申金과 丁亥水이다.] **六四의 諸侯가 世에 거처하고 初六의 元士가 應에 있다. 建은 己未에서 시작해서 甲子까지이다.**[大暑에서 大寒까지이다.] **積算은 甲子에서 일으켜 癸亥에 이르니, 한 바퀴 돌아서 다시 시작한다. 土와 水가 坎과 艮에 들어온다.**[水와 土의 두 象이 艮에 들어오니 金宮에 배합해서 계산을 일으킨다.] **五星은 자리를 따라 鎭星에서 일으킨다.**[土星이 金宮에 들어온다.] **星宿는 자리를 따라 戊申에 내려온다.**[28宿는 星宿를 분배해서 蹇卦 六四의 戊申金위에 들인다.] **氣候를 분배함에 그 數가 36이다.**[積算에서 數를 일으킴이 36이니 六位의 五行을 따른다.]

原文

土上見水，柔而和此，五行相推二氣合，取象則陰陽相背也. 九五適變入坤宮，宮比得朋，陰氣合也.[外卦九五，變入坤內，見艮，故曰得朋也. 將入謙卦取象.] 坎降入地山謙.

譯

土위에 水가 나타나 柔하며 조화롭게 친하고, 五行이 서로 밀쳐 두 기운이 합하나, 象을 취하면 陰陽이 서로 등진다. 九五가 변해가서 坤宮에 들어가니, 宮은 가깝게 벗을 얻어 陰氣가 合한다.[外卦의 九五가 변해서 坤의 안으로 들어가며 艮이 나타나기 때문에 "벗을 얻는다."라고 하였다. 장차 謙卦에 들어가 象을 취한다] **坎이 내려와 地山謙卦에 들어간다.**

8-6.
謙 ䷎艮下坤上

原文

謙, 六位謙順 , 四象無凶. 一陽居內卦之上 , 爲謙之主. 易曰, 謙謙君子 , 利涉大川. 陰陽不爭 , 處位謙柔 , 陰中見陽 , 止順於謙. 有無之位 , 上下皆通. 易曰, 撝謙. 無不順也.

譯

謙은 六位가 겸손하고 유순하고 四象에 凶함이 없다. 一陽이 內卦의 위에 있어 謙의 주인이 된다. 『주역』에 이르길, "겸손하고 겸손한 군자이니 대천을 건넘이 이롭다."라고[144] 하였다. 陰陽이 다투지 않고 거처한 자리가 겸손하고 유순하며, 陰가운데 陽이 나타나 겸손함에 그쳐서 따른다. 자리가 있든 없든 上下가 다 通한다. 『주역』에 이르길, "겸손함을 발휘한다."[145]라고 하였으니 따르지 않음이 없다.

原文

與坤爲飛伏.[癸亥水 , 丁酉金.] 六五居世 , 大夫在應. 建始庚申至乙丑.[立秋 , 大寒.] 積算起乙丑至甲子 , 周而復始. 金土入坤艮.[金土二象 , 入兌宮起算也.] 五星從位起太白.[太白金星入兌宮卦.] 張宿從位降癸亥.[二十八宿 , 分張宿入謙六五癸亥水上.] 分氣候二十

---

144) 謙卦 初六 爻辭. 경문에는 '用涉大川'으로 되어있다.
145) 謙卦 六四 爻辭.

八.[積算起數，二十八位.]

譯

坤卦와 飛伏의 관계이다.[癸亥水와 丁酉金이다.] 六五가 世에 거처하고 大夫가 應에 있다. 建은 庚申에서 시작해서 乙丑까지이다.[立秋에서 大寒까지이다.] 積算은 乙丑에서 일으켜 甲子에 이르니, 한 바퀴 돌아서 다시 시작한다. 金과 土가 坤과 艮에 들어온다.[金과 土의 두 象이 兌宮에 들어와 계산을 일으킨다.] 五星은 자리를 따라 太白에서 일으킨다.[太白의 金星이 兌宮卦에 들어온다.] 張宿가 자리를 따라 癸亥에 내려온다.[28宿는 張宿를 분배해서 謙卦六五의 癸亥水위에 들인다.] 氣候를 분배함에 28이다.[積算에서 數를 일으킴이 28자리이다.]

原文

坤在艮上順而止，五行入位象謙柔.[吉凶隨爻適變.]　陰陽升降，至六五位返入遊魂，變歸六四.[湯六四一爻入陽也.]　八卦相離，四象分也. 次降入雷山小過卦.

譯

坤이 艮위에 있어 順하게 그쳐있고，五行이 자리에 들어와 겸손과 유순을 상징한다.[吉凶이 爻를 따라 변해간다.] 陰陽이 升降함에 六五의 자리에 이르러 돌이켜 遊魂에 들어가 변하여 六四로 돌아간다.[六四 一爻가 움직여 陽에 들어간다.] 八卦가 서로 떠나고 四象이 나뉘어져 다음으로 내려가 雷山小過卦에 들어간다.

8-7.
小過 ䷽艮下震上

原文

小過, 六四適變, 血脈通也. 陽入陰, 陰入陽, 二氣降內外象. 上下返應, 二剛相適.[九三, 九四.] 土木入卦, 分於二象.[內艮外震.] 雷處高山, 亢之極也. 內柔無正性, 危及於外. 易曰, 飛鳥遺之音, 不宜上宜下.

譯

小過는 六四가 변해가서 血脈이 통한다. 陽이 陰에 들어오고, 陰이 陽에 들어와 두 기운이 內外의 象에 들어온다. 上下가 돌이켜 상응하고, 두 剛이 서로 대적한다.[九三과 九四이다.] 土와 木이 卦괘 들어와 두 상으로 분배된다.[內卦는 艮이고 外卦는 震이다.] 우레가 높은 산에 거처하니 높음의 지극함이다. 안이 유약해 바른 성품이 없어 위태로움이 밖까지 미친다. 『주역』에 이르길, "나는 새가 소리를 남김에 위는 마땅치 않고 아래가 마땅하다."라고[146] 하였다.

原文

與坤爲飛伏.[庚午火, 癸丑土.] 反歸九四, 諸侯立世, 元士見應. 建始乙丑至庚午.[大寒, 芒種.] 積算起庚午至己巳, 周而復始. 土火入震艮.[外土火二象入兌宮.] 五星從位起太陰.[水星入卦遊魂.]

146) 小過卦 卦辭.

翼宿從位降庚午.[二十八宿, 分翼宿入兌宮遊魂, 小過卦九四庚午火上.] 分氣候三十六.[積算三十六數, 六位吉凶.]

譯

坤卦와 飛伏의 관계이다.[庚午火와 癸丑土이다.] 돌이켜 九四로 돌아와 諸侯가 世에 있고 元士가 應에 나타난다. 建은 乙丑에서 시작해서 庚午까지이다.[大寒에서 芒種까지이다.] 積算은 庚午에서 일으켜 己巳에 이르니, 한 바퀴 돌아서 다시 시작한다. 土와 火가 震과 艮에 들어온다.[外卦의 土와 火의 두 象이 兌宮에 들어온다.] 五星은 자리를 따라 太陰에서 일으킨다.[水星이 卦에 들어오고 遊魂이다.] 翼宿가 자리를 따라 庚午에 내려온다.[28宿는 翼宿를 분배해서 兌宮의 遊魂인, 小過卦 九四의 庚午火위에 들인다.] 氣候를 분배함에 36이다.[積算은 36數이니 六位의 吉凶이다.]

原文

木下見土, 二陽畜陰, 六位相刑, 吉凶生也. 上升下陰陽反應, 各私其黨. 六爻適變, 陰道悖也. 升降進退, 其道同也, 之艮入兌, 陰納與陽也. 反復其位, 次降入歸魂雷澤歸妹卦.

譯

木아래에 土가 나타나 두 陽이 陰을 저지하고 六位가 서로 刑하니 吉凶이 생한다. 上升하고 아래로 내려와 陰陽이 돌이켜 응하니 각기 그 무리를 사사롭게 한다. 六爻가 변해가서 陰의 道가 어그러진다. 升降하며 進退함에 그 道는 동일하니, 艮이 변해 兌로 들어가 陰이 陽을 들여 함께한다. 그 자리를 反復

해서 다음으로 내려와 歸魂인 雷澤歸妹卦에 들어간다.

8-8.
歸妹 ䷵兌下震上

原文

歸妹, 陰復於本, 悅動於外, 二氣不交, 故曰歸妹.[歸者, 嫁也.] 互見離坎, 同於未濟. 適陽從陰, 剛從外至. 九四至剛, 六三悅柔, 返無其應, 凶. 兌羊涉卦之終長何吉也.

譯

歸妹는 陰이 근본으로 돌아와 밖에서 기쁘게 움직이며, 두 기운이 사귀지 않기 때문에 歸妹라고 한다.[歸는 시집감이다.] 호체로 離와 坎이 나타나니 未濟와 동일하다. 陽이 변해 陰을 따라 剛이 밖을 따라 이른다. 九四는 지극히 剛하고, 六三은 기쁘고 유순하나 돌이켜 상응함이 없어 凶하다. 兌卦의 羊이 卦의 마침을 건너가니 길게 하면 어찌 길하겠는가?

原文

與艮爲飛伏.[丁丑土, 丙申金.] 三公歸魂之世, 上六宗廟見應. 建始甲子至己巳.[大雪, 小滿.] 積算起己巳至戊辰, 周而復始. 水土入震兌.[分水土二象入兌宮.] 五星從位起歲星.[木星東方入兌宮歸魂.] 軫宿從位降丁丑土.[二十八宿, 分軫宿入兌歸魂六二丁丑土上, 分吉凶起算.] 分氣候三丨八.[積算起三丨八數, 六位推五行數吉凶.] (虎易注 : 此處的三十八, 疑爲有誤。)

譯

艮卦와 飛伏의 관계이다.[丁丑土와 丙申金이다.] **三公이 歸魂의 世이고, 上六의 宗廟가 應으로 나타난다. 建은 甲子에서 시작해서 己巳까지이다.**[大雪에서 小滿까지이다.] **積算은 己巳에서 일으켜 戊辰에 이르니, 한 바퀴 돌아서 다시 시작한다. 水와 土가 震과 兌에 들어온다.**[水와 土를 분배해서 두 象이 兌宮에 들인다.] **五星은 자리를 따라 歲星에서 일으킨다.**[木星이 東方에서 兌宮의 歸魂에 들어온다.] **軫宿가 자리를 따라 丁丑土에 내려온다.**[28宿는 軫宿를 분배해서 兌宮 歸魂인 六二의[147] 丁丑土위에 들이니 吉凶을 나누어 계산을 일으킨다.] **氣候를 분배함에 38이다**[148].[積算은 38數를 일으키니, 六位에서 五行數의 吉凶을 추산한다.]

原文

雷居澤上, 剛氣亢盛, 陰陽不合, 進退危也.[震長男, 兌少女, 少女匹長男, 氣非合也.] 吉凶在上六, 處於動極, 適變位定, 時不可移之道也. 五行考象, 非合斯義, 陰陽運動, 適當何爻. 或陰或陽, 或柔或剛, 升降六位, 非取一也.[兌歸魂, 配六十四卦之終也.]

譯

우레가 못 위에 있고 剛한 기운이 亢盛하여, 陰陽이 합하지 못하고 進退가 위태롭다.[震은 長男이고 兌는 少女이니, 少女가 長男의 짝이 됨은 기운이 합하는 것이 아니다.] **吉凶이 上六에 달려 있는데, 거처한 곳이 움직임의 끝이고, 변해 가서 자리가 정해져,**

---

147) 六三이다.
148) 36의 오자일 것이다.

때는 옮길 수 있는 방법이 없다. 五行으로 象을 살핌에 이 뜻과 합하지 않고, 陰陽이 움직임에 어느 효에 해당하는가? 或은 陰으로 或은 陽으로 或은 柔로 或은 剛으로, 六位를 升降하여 일정하게 취하지 않는다.[兌宮의 歸魂으로 64괘의 마지막에 배분된다.]

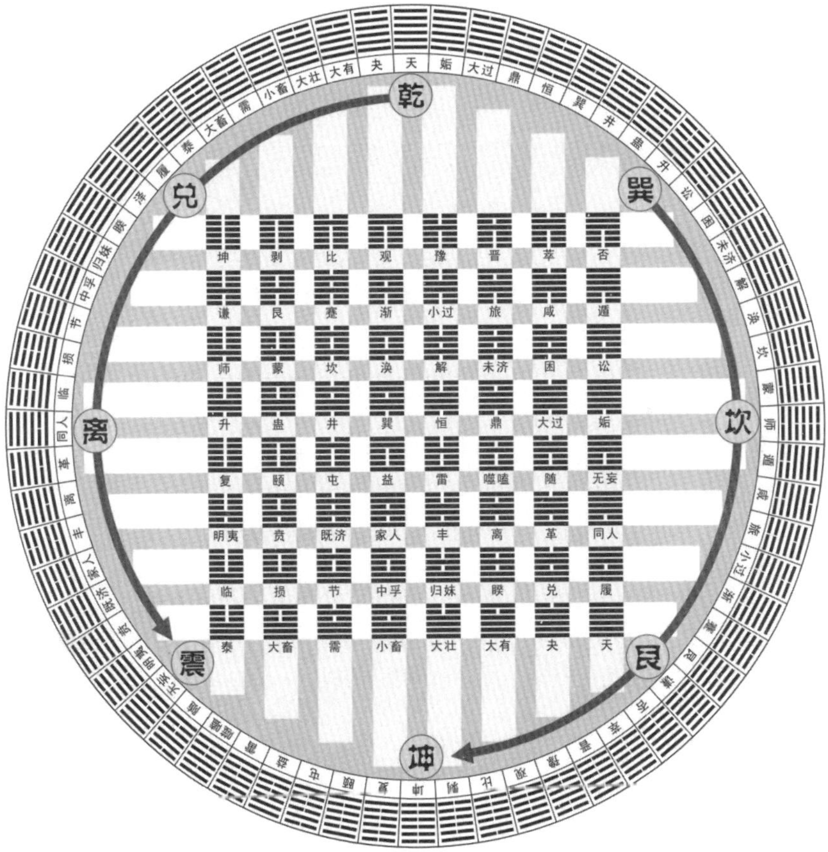

京氏易傳 卷 下
漢 京房 撰

原文

夫易者象也, 爻者效也. 聖人所以仰觀俯察, 象天地日月星辰草木萬物, 順之則和, 逆之則亂. 夫細不可窮, 深不可極, 故揲蓍布爻, 用之於下. 筮, 分六十四卦, 配三百六十四爻, 序一萬一千五百二十策, 定天地萬物之情狀. 故吉凶之氣順六爻上下. 次之八九六七之數, 內外承乘之象. 故曰兼三才而兩之.

譯

易은 형상한 것이고 爻는 본받은 것이다. 聖人이 우러러 보고 굽어보아서 天地의 日月星辰과 草木萬物을 상징했으니 따르면 조화롭고 거슬리면 어지럽다. 세밀함을 다할 수 없고, 깊이를 극도로 할 수 없어서 揲蓍를 하여 爻를 베풀어 이후로 쓰게 하였다. 시초점을 하여, 六十四卦를 구분하고 三百六十四爻에 배합하며 11,520策의 차례를 만들어 天地萬物의 情狀을 정한다. 그러므로 吉凶의 기운이 六爻를 따라 升降한다. 8·9·7·6의 수와 內外의 타고 받드는 象으로 이었기 때문에 "三才를 겸해서 둘로 만들었다."라고[149] 하였다.

149) 「繫辭下傳」10장.

原文

孔子曰, 陽三陰四位之正也. 三者東方之數, 東方日之所出. 又園者徑一而開三也. 四者西方之數, 西方日之所入, 又方者徑一而取四也. 言日月終天之道. 故易卦六十四, 分上下象陰陽也. 奇偶之數取之於乾坤. 乾坤者陰陽之根本, 坎離者陰陽之性命. 分四營而成易, 十有八變而成卦. 卦象定吉凶明得失.

譯

孔子가 말하였다. "陽은 3이고 陰은 4인 것이 자리의 바름이다." 3은 東方의 數이고, 東方은 해가 나오는 곳이다. 또 園은 직경이 1일 때 둘레가 3이다. 4는 西方의 數이고, 西方은 해가 들어가는 곳이다. 또 方은 직경이 1일 때 둘레인 4를 취한 것이다. 이것은 日月이 하늘을 마치는 도리를 말한 것이다. 그러므로 易卦의 64는 上下를 구분하고 陰陽을 상징한 것이다. 奇偶의 數는 乾坤에서 취한 것이다. 乾坤은 陰陽의 根本이고, 坎離는 陰陽의 性命이다. 나누어 네 번 경영하여 易을 이루고, 18변을 해서 卦를 이루니, 卦象으로 吉凶을 정하고 得失을 밝힌다.

原文

降五行分四象, 順則吉逆則凶. 故曰吉凶悔吝生乎動. 又曰明得失於四序.[言吉凶生乎動, 五行休廢, 內犯胎養合五行.] 運機布度, 其氣轉易, 王者亦當則天而行, 與時消息. 安而不忘亡, 將以順性命之理. 極著龜之源, 重三成六能事畢矣.

譯

五行을 내리고 四象을 구분하니 順하면 吉하고 거슬리면 凶하다. 그러므로 이르길, "吉凶悔吝이 움직임에서 생한다."라고[150] 하였고, 또 이르길, "得失을 四序에서 밝힌다."라고 하였다. [吉凶이 움직임에서 생하고 五行의 休廢가 안으로 胎養을 범하거나 五行에 합함을 말한다.] 운행의 기틀이 절도 있게 펼쳐지고 그 기운이 바뀌니, 왕성한 자도 마땅히 하늘을 법칙으로 삼아 행하고 때와 더불어 消息해야 한다. 편안하면서도 망할 것을 잊지 않음은 장차 性命의 이치를 따르려 함이다. 蓍龜의 근원을 지극히 하고 3을 거듭해 6을 이루면 가능한 일을 마친다.

原文

分天地乾坤之象, 益之以甲乙壬癸.[乾坤二分天地陰陽之本, 故分甲乙壬癸, 陰陽之始終.] 震巽之象配庚辛.[庚陽入震, 辛陰入巽.] 坎離之象配戊己.[戊陽入坎,己陰入離.] 艮兌之象配丙丁.[丙陽入艮,丁陰入兌.]

譯

天地는 乾坤의 象인데 甲乙壬癸로 더한다.[乾坤의 天地를 둘로 구분한 것으로 陰陽의 근본이다. 그러므로 甲乙壬癸로 陰陽의 始終을 구분한다.] 震巽의 象은 庚辛에 배합한다.[庚은 陽으로 震에 들어가고, 辛은 陰으로 巽에 들어간다.] 坎離의 象은 戊己에 배합한다.[戊은 陽으로 坎에 들어가고, 己는 陰으로 離에 들어간다.] 艮兌의 象은 丙丁에 배합한다.[丙은 陽으로 艮에 들어가고, 丁은 陰으로 兌에 들어간다.]

---

150) 「繫辭下傳」1장.

原文

八卦分陰陽六位五行. 光明四通, 變易立節, 天地若不變易, 不能通氣, 五行迭終, 四時更廢. 變動不居, 周流六虛, 上下無常, 剛柔相易, 不可以爲典要, 惟變所適, 吉凶共列於位, 進退明乎機要. 易之變化, 六爻不可據, 以隨時所占.

譯

八卦로 陰陽과 六位와 五行을 구분한다. 빛의 밝음이 四通하고 변하고 바뀜에 절기를 세우니, 天地가 만약 변하고 바뀌지 않는다면 기운을 통할 수 없어서 五行이 갈마드는 것이 끝나고 四時가 번갈아드는 것이 폐기된다. 變動하며 가만히 있지 않으며 六虛에 두루 흘러서 上下에 일정함이 없으며, 剛柔가 서로 바뀌어서, 典要를 만들 수 없고, 오직 변해 갈 뿐이다. 吉凶이 자리에 함께 베풀어지고, 進退가 중요한 기틀에서 밝혀진다. 易의 變化는 六爻에 의거할 수 없고 때를 따라 점치는 것이다.

原文

周禮太卜, 一曰連山, 二曰歸藏, 三曰周易. 初爲陽, 二爲陰, 三爲陽, 四爲陰, 五爲陽, 六爲陰. 一三五七九陽之數, 二四六八十陰之數.[陰主賤, 陽主貴.] 陰從午, 陽從子, 子午分行. 子左行, 午右行, 左右凶吉, 吉凶之道, 子午分時.

譯

『周禮 · 太卜』에 하나는 連山이고, 둘은 歸藏이고, 셋은 周易이라 하였다. 初는 陽이고, 二는 陰이고, 三은 陽이고, 四는 陰이고, 五는 陽이고, 六은 陰이다. 1·3·5·7·9는 陽의 數이고, 2·4·6·8·10은 陰의 數이다.[陰은 賤함을 주장하고, 陽은 貴함을 주장한다.] 陰은 午에서 시작하고, 陽은 子에서 시작하니, 子午로 운행을 구분한다. 子로부터 左行하고, 午로부터 右行하며, 左右의 凶吉과 吉凶의 道는 子午로 시간을 구분한다.

原文

立春正月節在寅, 坎卦初六, 立秋同用. 雨水正月中在丑, 巽卦初六, 處暑同用. 驚蟄二月節在子, 震卦初九, 白露同用. 春分二月中在亥, 兌卦九四, 春秋分同用. 清明三月節在戌, 艮卦六四, 寒露同用. 穀雨三月中在酉, 離卦九四, 霜降同用. 立夏四月節在申, 坎卦六四, 立冬同用. 小滿四月中在未, 巽卦六四, 小雪同用. 芒種五月節在午, 乾宮九四, 大雪同用. 夏至五月中在巳, 兌宮初九, 冬至同用. 小暑六月節在辰, 艮宮初六, 小寒同用. 大暑六月中在卯, 離宮初九, 大寒同用.

譯

立春의 正月節은 寅에 있고 坎卦의 初六이니, 立秋와 쓰임을 함께한다. 雨水의 正月中은 丑에 있고 巽卦의 初六이니, 處暑와 쓰임을 함께한다. 驚蟄의 二月節은 子에 있고 震卦의 初九이니, 白露와 쓰임을 함께한다. 春分의 二月中은 亥에 있고 兌卦의 九四이니, 春秋分과151) 쓰임을 함께한다. 清明의 三月節은 戌에 있고 艮卦의 六四이니, 寒露와 쓰임을 함께한다. 穀雨

151) 秋分이어야 문맥이 통한다.

의 三月中은 酉에 있고 離卦의 九四이니, 霜降과 쓰임을 함께 한다. 立夏의 四月節은 申에 있고 坎卦의 六四이니, 立冬과 쓰임을 함께한다. 小滿의 四月中은 未에 있고 巽卦의 六四이니, 小雪과 쓰임을 함께한다. 芒種의 五月節은 午에 있고 乾宮의 九四이니, 大雪과 쓰임을 함께한다. 夏至의 五月中은 巳에 있고 兌宮의 初九이니, 冬至와 쓰임을 함께한다. 小暑의 六月節은 辰에 있고 艮宮의 初六이니, 小寒과 쓰임을 함께한다. 大暑의 六月中은 卯에 있고 離宮의 初九이니, 大寒과 쓰임을 함께 한다.

原文

孔子云, 易有四易. 一世二世爲地易, 三世四世爲人易, 五世六世爲天易, 遊魂歸魂爲鬼易. 八卦鬼爲系爻, 財爲制爻, 天地爲義爻[天地即父母也.] 福德爲寶爻[福德即子孫也.] 同氣爲專爻.[兄弟爻也.] 龍德十一月在子, 在坎卦左行. 虎刑五月午, 在離卦右行. 甲乙庚辛天官, 申酉地官. 丙丁壬癸天官, 亥子地官. 戊己甲乙天官, 寅卯地官. 壬癸戊己天官, 辰戌地官. 靜爲悔 , 發爲貞. 貞爲本 , 悔爲末.

譯

孔子가 이르길, "易에는 四易이 있다. 一世二世는 地易이고, 三世四世는 人易이고, 五世六世는 天易이고, 遊魂歸魂은 鬼易이다."라고 하였다. 八卦에서 鬼는 系爻이고, 財는 制爻이고, 天地는 義爻이고[天地는 곧 父母이다.] 福德은 寶爻이고[福德은 곧 子孫이다.] 同氣는 專爻이다.[兄弟爻이다.] 龍德은 十一月에 子에 있고, 坎卦에 있어 左行한다. 虎刑은 五月에 午에 있고, 離卦

에 있어 右行한다. 甲乙庚辛이 天官이면, 申酉은 地官이다. 丙丁壬癸가 天官이면, 亥子는 地官이다. 戊己甲乙이 天官이면, 寅卯는 地官이다. 壬癸戊己가 天官이면, 辰戌이 地官이다. 靜은 悔가 되고, 發하면 貞이 된다. 貞이 本이고, 悔가 末이다.

原文

初爻上, 二爻中, 三爻下. 三月之數, 以成一月. 初爻三日, 二爻三日, 三爻三日, 名九日. 餘有一日, 名曰閏餘. 初爻十日爲上旬, 二爻十日爲中旬, 三爻十日爲下旬. 三旬三十, 積旬成月, 積月成年. 八八六十四卦, 分六十四卦配三百八十四爻, 成萬一千五百二十策, 定氣候二十四, 考五行於運命. 人事天道, 日月星辰, 局於指掌, 吉凶見乎其位. 繫云吉凶悔吝生乎動.

譯

初爻가 上이고, 二爻는 中이며, 三爻는 下이다. 三月의 數로써 한 달을 이룬다. 初爻가 3일이고 二爻가 3일이고 三爻가 3일이니 모두 9일이며, 나머지 1일이 있으니'閏餘'라고 한다. 初爻의 10일이 上旬이고, 二爻의 10일이 中旬이며, 三爻의 10일이下旬이다. 三旬의 30이니 旬을 쌓아 月을 이루고, 月을 쌓아 年을 이룬다. 8×8의 64괘인데, 64괘와 384효로 배분하여, 11520책을 이루어 氣候의 24를 정하고 運命의 五行을 고찰한다. 人事와 天道와 日月星辰이 손바닥 안에 들어오니, 吉凶이 그 자리에 나타난다. 「계사전」에 이르길, "吉凶悔吝은 움직임에서 생한다."라고[152] 하였다.

152) 「繫辭下傳」 1장.

原文

寅中有生火，亥中有生木，巳中有生金,[亦云上生之位.] 申中有生水. 丑中有死金，戌中有死火，未中有死木，辰中有死水，土兼於中. 建子陽生，建午陰生，二氣相沖，吉凶明矣. 積算隨卦起宮，乾坤震巽坎離艮兌，八卦相蕩，二氣陽入陰，陰入陽，二氣交互不停. 故曰生生之謂易. 天地之內，無不通也.

譯

寅中에 生火가 있고，亥中에 生木이 있고，巳中에 生金이 있고,[上生의 자리를 이르는 것이기도 하다.] 申中에 生水가 있다.[153) 丑中에 死金이 있고，戌中에 死火가 있고，未中에 死木이 있고，辰中에 死水가 있고，土는 中에서 겸한다.[154) 子에서 陽이 生하고，午에서 陰이 生하니，二氣가 相沖하여 吉凶이 밝혀진다. 積算은 卦를 따라 宮에 일으키니，乾坤震巽坎離艮兌의 八卦가 서로 움직여 二氣가 陽은 陰에 들어가고，陰은 陽에 들어가，二氣의 사귐이 머무르지 않는다. 그러므로 이르길, “낳고 낳는 것을 易이라 한다.”라고[155) 하였다. 天地의 안에 通하지 않는 곳이 없다.

原文

乾起巳，坤起亥，震起午，巽起辰，坎起子，離起丑，艮起寅，兌起[缺].於六十四卦，遇王則吉，廢則凶，沖則破，刑則敗，死則

153) 生火, 生木, 生金, 生水는 丙,甲,庚,壬을 말한다.
154) 死金, 死火, 死木, 死水는 辛,丁,乙,癸를 말한다.
155) 「繫辭上傳」5장.

危, 生則榮. 考其義理, 其可通乎. 分三十爲中, 六十爲上, 三十爲下, 總一百二十, 通陰陽之數也. 新新不停, 生生相續, 淡泊不失其所, 確然示人.

譯

乾은 巳에서 일으키고, 坤은 亥에서 일으키고, 震은 午에서 일으키고, 巽은 辰에서 일으키고, 坎은 子에서 일으키고, 離는 丑에서 일으키고, 艮은 寅에서 일으키고, 兌는 [글자가 빠져 있다.]에서 일으킨다. 64卦에서 旺을 만나면 吉하고 廢는 凶하며, 沖은 破하고, 刑은 敗하며, 死는 위태롭고, 生은 영화롭다. 그 뜻을 살피면 통할 수 있다. 구분하면 30이 中이 되고, 60이 上이 되며, 30이 下가 되어 모두 120이니, 陰陽의 數를 통한다. 새롭고 새로워 머무르지 않고, 낳고 낳아 서로 이어져, 淡泊해서 그 자리를 잃지 않아 사람에게 분명히 보여준다.

原文

陰陽運行, 一寒一暑, 五行互用, 一吉一凶. 以通神明之德, 以類萬物之情. 故易所以斷天下之理, 定之以人倫, 而明王道.

譯

陰陽이 運行하니 한번은 춥고 한번은 더우며, 五行이 상호 작용하니 한번은 吉하고 한번은 凶하다. 이로써 神明의 德을 통하고 萬物의 실정을 분류한다. 그러므로 易으로 天下의 이치를 판단하고 人倫을 정하며 王道를 밝힌다.

原文

八卦建五氣立 , 五常法象乾坤 , 順於陰陽 , 以正君臣父子之義. 故易曰元亨利貞.夫作易所以垂教 , 教之所被 , 本被於有無 , 且易者包備有無. 有吉則有凶 , 有凶則有吉. 生吉凶之義 , 始於五行 , 終於八卦. 從無入有 , 見災於星辰也. 從有入無 , 見象於陰陽也. 陰陽之義 , 歲月分也 , 歲月既分 , 吉凶定矣. 故曰八卦成列象在其中矣.

譯

八卦가 세워지고 五氣가 정해져 五常이 乾坤의 象을 본받아 陰陽을 따르니 , 이로써 君臣과 父子의 뜻을 바르게 한다. 그러므로 『주역』에 이르길, 元亨利貞이라고 하였다. 易을 지어 가르침을 드리우니 가르침을 받는 것은 근본이 有無에 있고 또 易은 有無를 포함하여 갖추고 있다. 吉이 있으면 凶이 있고 , 凶이 있으면 吉이 있다. 吉凶을 生하는 뜻은 五行에서 시작해 八卦에서 마친다. 無를 따라서 有에 들어가면 星辰에 재앙이 나타난다. 有를 따라서 無에 들어가면 陰陽에 象이 나타난다. 陰陽의 뜻은 歲月의 나뉨이니 歲月이 이미 나뉨에 吉凶이 정해진다. 그러므로 이르길, “八卦가 열을 지으니 象이 그 가운데 있다.”라고[156] 하였다.

原文

六爻上下 , 天地陰陽運轉 , 有無之象 , 配乎人事. 八卦仰觀俯察在乎人, 隱顯災祥在乎天. 考天時 , 察人事 , 在乎卦. 八卦之要 , 始於乾坤 , 通乎萬物. 故曰易窮則變變則通通則久. 久於其道 , 其理得矣. 卜筮非襲於吉 , 唯變所適. 窮理盡性於玆矣.

---

156) 「繫辭下傳」1장.

譯

六爻의 上下에 天地의 陰陽이 運轉하니, 有無의 象은 人事에 배합한다. 八卦로 우러러 보고 굽어 살핌은 사람에게 있고, 災祥이 숨어있고 나타남은 하늘에 있다. 天時를 살피고 人事를 살핌은 卦에 있다. 八卦의 요점은 乾坤에서 시작하여 萬物에 통한다. 그러므로 이르길, "易이 窮하면 變하고, 變하면 通하고, 通하면 항구하다."라고[157] 하였다. 그 道에 항구하면 그 이치를 얻는다. 卜筮는 吉함을 두 번 점치지 않고 오직 변해갈 뿐이다. 이에 이치를 궁리하고 성품을 다한다.

原文

晁氏公武曰, 漢藝文志, 易京氏, 凡三種, 八十九篇. 隋經籍志, 有京氏章句十卷, 又有占候十種, 七十三卷. 唐藝文志, 有京氏章句十卷, 而易占候存者五種, 二十三卷. 今其章句亡矣, 乃略見於僧一行及李鼎祚之書.

譯

晁公武가 말하였다. 『漢藝文志』에는 京氏의 易이 3종 89편이다. 『隋經籍志』에는 京氏章句 10권이 있고 또 占候 10종 73권이 있다. 『唐藝文志』에는 京氏章句 10권이 있고 易占候의 남아있는 것이 5종 23권이 있다. 지금은 그 章句가 없는데 僧一行과 李鼎祚의 책에 간략히 보인다.

---

157) 「繫辭下傳」 2장.

原文

今傳者曰, 京氏積算易傳三卷 , 雜占條例法一卷 , 或共題易傳四卷 , 而名皆與古不同. 今所謂京氏易傳者 , 或題曰京氏積算易傳者 , 疑隋唐志之錯卦是也. 雜占條例法者 , 疑唐志之逆剌占災異是也. 錯卦在隋七卷, 唐八卷, 所謂積算雜逆剌占災異十二卷是也. 至唐逆剌三卷 , 而亡其八卷. 元佑八年 , 高麗進書 , 有京氏周易占十卷. 疑隋周易占十二卷是也. 是故易家有書 , 而無傳者多矣. 京氏之書 , 幸而與存者 , 纔十之一 , 尚何離大師說邪.

譯

지금 전하는 이들이 말하는, 京氏積算易傳三卷과 雜占條例法一卷과 或 모두 易傳四卷이라 한 것은 명칭이 모두 옛날과 같지 않다. 지금 이른바 京氏易傳이라고 하는 것은 혹은 京氏積算易傳이라고 하니 아마도 隋唐志의 錯卦가 이것일 것이다. 雜占條例法은 아마도 唐志의 逆剌占災異가 이것일 것이다. 錯卦는 隋七卷과 唐八卷에 있으니, 이른바 積算雜逆剌占災異十二卷이 이것이다. 唐에 이르러 逆剌三卷으로 , 八卷은 망실되었다. 元佑八年에 高麗에서 進書하니 , 京氏周易占十卷이 있었는데, 아마도 隋周易占十二卷이 이것일 것이다. 이런 까닭에 易家에 책은 있었지만 전해지지 않는 것이 많다. 京氏의 책은 다행히 남아있는 것이 열에 하나인데 어떻게 스승의 설을 이반하겠는가?

原文

景迂嘗曰, 余自元豐壬戌年), 偶脫去擧子事業 , 便有志學易 , 而輒好王氏本妄以謂彛之外，當自有名象者，果得京氏傳.而文字顚倒舛訛,不可訓知. 迨其服習甚久, 漸有所窺. 今三十有四年矣, 乃能以其象數, 辨正文字之舛謬, 於邊郡山房寂寞之中, 而私識之.曰是書兆乾坤之二象, 以成八卦, 凡八變而六十有四. 於其往來升降之際, 以觀消息盈虛於天地之元, 而酬酢乎萬物之表者, 炳然在目也.

譯

景迂가[158] 일찍이 말하길, 내가 元豐[159] 壬戌年부터 과거 준비를 그만두고 곧 易을 배우는 데 뜻을 두었고，王氏本을 좋아해서 망령되이 王彛말고는 名象이 있는 것은 京氏傳이라고 말하였는데, 文字가 거꾸로 되고 어긋나서 뜻을 알지 못했다. 학습하기를 오래함에 이르러 점차 알게 되었다. 이제 34년이 지나 象數로 文字의 어긋남을 辨正할 수 있게 되었다. 邊郡山房의 고요한 곳에서 사사롭게 기록하며 “이 글은 乾坤의 두 象을 조짐으로 삼아 八卦를 이루고, 八變으로 64괘가 된다. 그 往來升降의 즈음에 天地의 근원에서 消息盈虛를 보고 萬物의 표면에서 酬酢함이 밝게 눈에 들어온다.”라고 말하였다.

原文

大抵辨三易，運五行，正四時，謹二十四氣，志七十二候，而位五星，降二十八宿，其進退以幾, 而爲一卦之主者，謂之世. 奇偶相與，據一以起二，而爲主之相者，謂之應. 世之所位而陰陽之肆者，謂之飛. 陰陽肇乎所配,[乾與坤，震與坎，巽與離，艮與兌.]而

158) 晁說之의 자호이다.
159) 송(宋) 나라 신종(神宗) 때의 연호.

終不脫乎本,[以飛某位之卦, 乃伏某宮之位.]以隱顯佐神明者 , 謂之伏. 起乎世而周乎內外, 參乎本數以紀月者, 謂之建. 終之始之, 極乎數而不可窮以紀日者, 謂之積. 會於中, 而以四爲用 , 一卦備四卦者 , 謂之互.

譯

대체로 三易을 분별하고 五行을 운용하며 , 四時를 바루고 24氣를 삼가며 , 72候를 기록하고 五星을 위치시키며 28宿를 내림에, 그 進退를 기미롭게 하여 한 卦의 주인이 됨을 世라 한다. 奇偶가 서로 함께 하며 , 하나에 근거해서 둘을 일으켜 주인의 상대가 됨을 應이라 한다. 世의 자리에 陰陽이 베풀어진 것을 飛라 한다. 陰陽이 짝을 지어,[乾과 坤 , 震과 坎 , 巽과 離 , 艮과 兌이다.] 끝내 근본을 벗어나지 않고,[飛는 해당 卦의 자리이고, 伏은 해당 宮의 자리이다.] 숨고 나타나면서 神明을 돕는 것을 伏이라 한다. 世에서 일어나 內外를 돌며 本數에 참여해서 月을 기록하는 것을 建이라 한다. 마치고 시작하며 數를 지극하게 하여 다함이 없어 日을 기록하는 것을 積이라 한다. 가운데 모여 넷으로써 쓰임이 되어 한 卦가 四卦를 갖추고 있는 것을 互라 한다.

原文

乾建甲子於下 , 坤建甲午於上. 八卦之上, 乃生一世之初. 初一世, 之五位, 乃分而爲五世之位. 其五世之上, 乃爲遊魂之世. 五世之初 , 乃爲歸魂之世, 而歸魂之初 , 乃生後卦之初. 其建 , 剛日則節氣 , 柔日則中氣. 其數虛則二十有八, 盈則三十有六. 蓋其可言者如此.

譯

乾의 建은 아래의 甲子이고, 坤의 建은 위의 甲午이다. 八卦의 위에 一世의 初를 생한다. 初의 一世가 五位에 가서 분배되어 五世의 자리가 된다. 五世의 위에 遊魂의 世가 된다. 五世의 初가 歸魂의 世가 되고, 歸魂의 初가 後卦의 初를 생한다. 建은 剛日은 節氣이고, 柔日은 中氣이다. 數에 있어 虛는 28이고, 盈은 36이다. 대개 말할 수 있는 것이 이와 같다.

原文

若夫象遺乎意, 意遺乎言, 則錯綜其用, 唯變所適. 或兩相配而論內外二象, 若世與內,[革水火配位, 離火四世水.] 若世與外.[用金木交爭, 外先金初世木.] 或不論內外之象, 而論其內外之位.[萃土木入艮兌, 初土四水.] 或三相參而論內外與飛,[賁土火木分陰陽, 艮土離火飛水.] 若伏.[旅火土木入離艮, 離火艮土休伏木.] 或相參而論內外世應建伏.[觀金土火木, 互爲體建, 金水應內, 土伏火外木.] 或不論內外, 而論世建與飛伏.[益金土入震巽, 世與飛土, 建與伏金.] 或兼論世應飛伏.[復水土見候, 世應水土, 飛伏水土. 屯土木應象, 世應土木, 飛伏土水.] 或專論世應.[夬金木合乾兌, 入坤象, 世金應木. 蠱金木入艮巽, 世金應木.] 或論世之所忌.[履金火入卦, 初九火[缺]九四火, 克九五世金爻, 及乾爻金.] 或論世之所生.[巽火木與巽同宮, 世木巽木見火.] 於其所起, 見其所滅.[大壯起於子, 滅於亥.] 於其所刑, 見其所生.[隨金木交刑, 水火相激, 兌金巽木.] 故曰死於位生於時, 死於時生於位. 苟非彰往而察來, 微顯而闡幽者, 曷足以與此.

譯

象은 뜻을 남기고, 뜻은 말을 남기니 그 쓰임이 섞여 오직 변화해갈 뿐이다. 어떤 경우는 둘이 서로 배합해서 內外의 두 象을 논하니, 世가 內卦와 함께 하거나,[革卦는 水火가 자리를 배합하니, 離火와 四世의 水이다.] **世와 外卦와 함께 한다.**[金木이 서로 다툼을 쓰니, 外卦가 먼저는 金이고 初世는 木이다.] **어떤 경우는 內外의 象을 논하지 않고, 內外의 자리를 논한다.**[萃卦는 土木이 艮兌에 드니, 初位는 土이고 四位는 水이다.] **어떤 경우는 셋이 서로 참여하니 內外가 飛와 함께 하니,**[賁卦는 土火木으로 陰陽을 나누니, 艮土와 離火와 飛의 水[160]이다.] **伏의 경우이다.**[旅卦는 火土木이 離艮에 들어오니, 離火와 艮土와 伏의 木이다.] **어떤 경우는 서로 참여하는데 內外의 世應과 建伏이다.**[觀卦는 金土火木으로, 互爲體建, 金水가 內에서 應하고, 土에 伏한 火와[161] 外卦의 木이다.] **어떤 경우는 內外를 논하지 않고, 世建과 飛伏을 논한다.**[益卦는 金土가 震巽에 들어오니, 世가 飛의 土와 함께하고, 建이 伏의 金과 함께한다.] **어떤 경우는 世應과 飛伏을 겸해서 논한다.**[復卦는 水土로 氣候를 나타내니, 世와 應이 水土이고, 飛와 伏도 水土이다. 屯卦는 土木으로 象에 응하니, 世와 應이 土木이고, 飛와 伏도 土水[162]이다.] **어떤 경우는 오로지 世應만 논한다.**[夬卦는 金木이 乾兌에 배합하는데, 坤의 象에 들어가니 世는 金이고 應은 木이다. 蠱卦는 金木이 艮巽에 들어오니, 世는 金이고 應은木이다.] **어떤 경우는 世가 꺼리**

---

160) 木의 오자인 듯하다.
161) 辛未 土와 壬午 火를 가리킨다.
162) 水는 木의 오자인 듯하다.

는 것으로 논한다.[履卦는 金火가 卦에 들어오니, 初九의 火[글자가 빠져있다.]와 九四의 火가 九五의 世인 金爻와 乾爻인 金을 극한다.] 어떤 경우는 世가 生하는 것으로 논한다.[巽卦는 火木이 巽과 同宮으로 世의 木과 巽의 木이 火를 나타낸다.] 일어나는 바에서 멸하는 바를 나타낸다.[大壯卦는 子에서 일어나 亥에서 멸한다.] 刑하는 바에서 生하는 바를 나타낸다.[隨卦는 金木이 서로 刑을 하고, 水火가 서로 부딪히니, 兌의 金과 巽의 木이다.] 그러므로 이르길, "位에서 죽으면 時에서 생하고, 時에서 죽으면 位에서 생한다."라고 하였다. 진실로 지난 것을 밝히고 올 것을 살피며, 드러난 것을 은미하게 하고 그윽한 것을 밝히는 자가 아니면 어찌 이에 참여할 수 있겠는가?

原文

前是小王變四千九十有六卦, 後有管輅定乾之軌七百六卦, 復有八坤之軌六百七十有二, 其知之者, 將可以語邵康節三易也. 從小王之徒, 唯知尚其詞耳, 其謂斯何. 昔魯商瞿子木, 受易孔子. 五傳而至漢田何子壯, 何授洛陽丁光, 光授碭田王孫, 王孫授東海孟喜, 孟喜授梁焦贛延壽, 延壽授房. 房授東海殷嘉, 河東姚平, 河南乘弘. 由是易有京房之學, 而傳盛矣.

譯

앞에는 小王[163]이 4096卦를 변화시키고, 뒤에는 管輅가 乾의 軌인 706卦가 있고, 다시 八坤의 軌인 672가 있으니, 그것을 아는 자는 장차 邵康節의 三易을 말할 수 있

---

163) 위나라 왕필을 지칭한 것이다.

다. 小王을 따르는 무리는 오직 그 말을 숭상할 뿐 이것을 어찌 이르겠는가? 옛날에 魯나라의 商瞿子木이 孔子에게 易을 전수받았다. 다섯 번 전해져 漢나라의 田何子壯에 이르고, 田何는 洛陽의 丁光에게 전수하고, 丁光은 碭의 田王孫에게 전수하고, 田王孫은 東海의 孟喜에게 전수하고, 孟喜는 梁의 焦贛延壽에게 전수하고, 延壽는 京房에게 전수하고. 京房은 東海의 殷嘉와 河東의 姚平과 河南의 乘弘에게 전수하였다. 이로부터 易에 京房의 學이 있게 되어 전하여져 성대해졌다.

原文

有瞿牧自生者, 不肯學京氏, 曰京非孟氏學也. 劉向亦疑京托之孟氏. 予不知當時爲何說也. 今以當時之書驗之, 蓋有孟氏京房十一篇, 以大災異. 孟氏京房六十六篇, 與夫京氏殷嘉十二篇, 同爲一家之學, 則其源委, 孰可誣哉. 此亦學者不可不知也.

譯

翟牧과 白生은[164] 京氏의 학문을 긍정해 배우지 않고 이르길, "경씨는 맹씨의 학문이 아니다."라고 하였다. 劉向도 京氏가 孟氏에게 의탁한 것에 대해 의심하였다. 나는 당시에 어떻게 말하였는지 알지 못한다. 이제 당시의 글로 증험해보면, 孟氏京房十一篇이 있는데 大災異로써 한 것이다. 孟氏京房六十六篇은 京氏殷嘉十二篇과 함께 一家의 學이 되니 그 本末을 누가

164) 한서 『예문지』의 내용에 따라 적목(翟牧)과 백생(白生)으로 해석한다.

속일 수 있겠는가? 이 또한 배우는 자가 알아야만 한다.

原文

若小王者, 果何所授受邪. 蓋自京氏, 爲王學有餘力, 而王學之適京氏, 則無緜矣. 或傳是書, 而文字舛謬, 得以予言, 而考諸凡學, 不可就正者, 缺以待來哲. 積算雜占條例法, 具如別錄.

譯

小王은 과연 누구에게 전수받고 전수하였는가? 대개 京氏로부터 王學을 하면 여력이 있고, 王學에서 京氏로 가면 글이 없다. 어떤 이가 이 글을 전했는데 文字에 오류가 있어, 얻어서 내가 말을 함에 여러 학설을 참고하였으니, 바르게 해놓지 못한 부분은 빼놓고 후세의 哲人을 기다린다. 積算雜占條例法은 별도의 기록으로 갖추어놓는다.

原文

乾, 姤遁否觀剝晉大有. 震, 豫解恒升井大過隨. 坎, 節屯既濟革豐明夷師. 艮, 賁大畜損睽履中孚漸. 坤, 復臨泰大壯夬需比. 巽, 小畜家人益無妄噬嗑頤蠱. 離, 旅鼎未濟蒙渙訟同人. 兌, 困萃咸蹇謙小過歸妹.

譯

乾宮八卦는 乾姤遁否觀剝晉大有이다. 震宮八卦는 震豫解恒升井大

過隨이다. 坎宮八卦는 坎節屯既濟革豐明夷師이다. 艮宮八卦는 艮賁大畜損睽履中孚漸이다. 坤宮八卦는 坤復臨泰大壯夬需比이다. 巽宮八卦는 巽小畜家人益無妄噬嗑頤蠱이다. 離宮八卦는 離旅鼎未濟蒙渙訟同人이다. 兌宮八卦는 兌困萃咸蹇謙小過歸妹이다.

: 경씨역전 도표

도표는 독자의 이해를 돕기 위해 경씨역전에 나오는 용어를 도표화한 것이다. **居世**는 괘의 주인에 해당하는 것을 **世**라 하는데, 世가 初爻에 있으면 **元士**, 二爻에 있으면 **大夫**, 三爻에 있으면 **三公**, 四爻에 있으면 **諸侯**, 五爻에 있으면 **尊位**, 上爻에 있으면 **宗廟**에 해당한다. **飛伏**은 世에 배속되는 干支 중 드러나 있는 것이 **飛**이고 숨어있는 것이 **伏**이다. **建**은 月建에 해당하는데 6개월에 해당하는 달을 배속한 것이고, **積算**은 날수를 헤아리는 것으로 60일을 순환하여 배속한 것이다. **五星**은 木火土金水의 행성이 괘에 따라 차례로 배속된 것이고, **宿**는 28수가 괘에 따라 차례로 배속된 것이다. **氣候分數**는 36과 28로 구분되는 데 넘치면 36이고 부족하면 28이다.

	飛伏	居世	建	積算	五星	宿	氣候分數	建
乾				己巳 戊辰	鎭星	參		子 巳
姤	巽	元士 初爻	庚午 乙亥	乙亥 丙戌	太白	井 辛丑		午坤 初 亥乾 上
遯	艮	大夫 二爻	辛未 丙子	丙子 乙亥	太陰	鬼 丙辰 丙午 元士	28	
否	坤	三公 三爻	壬申 丁丑	丁丑 丙子	歲星	柳 乙卯	36	
觀	巽	諸侯 四爻	癸酉 戊寅	戊寅 丁丑	熒惑	星 辛未	28	
剝	艮	天子 五爻	甲戌 己卯	己卯 戊寅	鎭星	張 丙子	36	
晉	離	諸侯 四爻	己卯 甲申	甲申 癸未	太白	翼 己酉	28	
大有	坤	三公 三爻	戊寅 癸未	癸未 壬午	太陰	軫 甲辰	36	

	飛伏	居世	建	積算	五星	宿	氣候 分數	建
震	巽	宗廟	丙子 辛巳	辛巳 庚辰	歲星	角	36	
豫	坤	元士 初爻	丁丑 壬午	壬午 辛巳	熒惑	亢 乙未	28	
解	坎	大夫 二爻	戊寅 癸未	癸未 壬午	鎭星	氐 戊辰	36	
恒	巽	三公 三爻	己卯 甲申	甲申 癸未	太白	房 辛酉	36	
升	坤	諸侯 四爻	庚辰 乙酉	乙酉 甲申	太陰	心 癸丑	36	
井	坎	天子 五爻	辛巳 丙戌	丙戌 乙酉	歲星	尾 戊戌	28	
大過	坎	諸侯 四爻	丙戌 辛卯	辛卯 庚寅	熒惑	箕 丁亥	36	
隨	巽	三公 三爻	乙酉 庚寅	庚寅 己丑	鎭星	計都 庚辰	28	

	飛伏	居世	建	積算	五星	宿	氣候分數	建
坎	離	宗廟	戊寅 癸未	癸未 壬午	太白	牛 戊子	36	
節	兌	元士 初爻	甲申 己丑	己丑 戊子	太陰	女 丁巳	28	
屯	震	大夫 二爻	乙酉 庚寅	庚寅 己丑	歲星	虛 庚寅	36	
旣濟	離	三公 三爻	丙戌 辛卯	辛卯 庚寅	熒惑	危 己亥	28	
革	兌	諸侯 四爻	丁亥 壬辰	壬辰 辛卯	鎭星	室 丁亥	36	
豊	震	天子 五爻	戊子 癸巳	癸巳 壬辰	太白	壁 庚申	28	
明夷	震	諸侯 四爻	癸巳 戊戌	戊戌 丁酉	太陰	奎 癸丑	36	
師	離	三公 三爻	壬辰 丁酉	丁酉 丙申	歲星	婁 戊午	28	

	飛伏	居世	建	積算	五星	宿	氣候分數	建
艮	兌	宗廟	庚寅 乙未	庚寅 己丑	熒惑	胃 丙寅	36	
賁	離	元士 初爻	辛卯 丙申	丙申 乙未	鎭星	昴 己卯	28	
大畜	乾	大夫 二爻	壬辰 丁酉	丁酉 丙申	太白	畢 甲寅	28	
損	兌	三公 三爻	癸巳 戊戌	戊戌 丁酉	太陰	觜 丁丑	28	
睽	離	諸侯 四爻	甲午 己亥	己亥 戊戌	歲星	參 己酉	36	
履	乾	天子 五爻	乙未 庚子	庚子 己亥	熒惑	井 壬戌	28	
中孚	乾	諸侯 四爻	庚子 乙巳	乙巳 甲辰	鎭星	鬼 辛未	36	
漸	兌	三公 三爻	己亥 甲辰	甲辰 癸卯	太白	柳 丙申	28	

	飛伏	居世	建	積算	五星	宿	氣候分數	建
坤	乾	宗廟	甲午 己亥	己亥 戊戌	太陰	星 癸酉	36	
復	震	元士 初爻	乙未 庚子	庚子 己亥	歲星	張 庚子	28	
臨	兌	大夫 二爻	丙申 辛丑	辛丑 庚子	熒惑	翼 丁卯	36	
泰	乾	三公 三爻	丁酉 壬寅	壬寅 辛丑	鎭星	軫 甲辰	28	
大壯	震	諸侯 四爻	戊戌 癸卯	癸卯 壬寅	太白	角 庚午	36	
夬	兌	天子 五爻	己亥 甲辰	甲辰 癸卯	太陰	亢 丁酉	28	
需	兌	諸侯 四爻	甲辰 己酉	己酉 戊申	歲星	氐 戊申	36	
比	乾	三公 三爻	癸卯 戊申	戊申 丁未	熒惑	房 乙卯	28	

	飛伏	居世	建	積算	五星	宿	氣候 分數	建
巽	震	宗廟	辛丑 丙午	丙午 乙巳	鎭星	心 辛卯	36	
小畜	乾	元士 初爻	壬寅 丁未	丁未 丙午	太白	尾 甲子	28	
家人	離	大夫 二爻	癸卯 戊申	戊申 丁未	太陰	箕 己丑	36	
益	震	三公 三爻	甲辰 己酉	己酉 戊申	歲星	計 庚辰	28	
无妄	乾	諸侯 四爻	乙巳 庚戌	庚戌 己酉	熒惑	牛 壬午	36	
噬嗑	離	天子 五爻	丙午 辛亥	辛亥 庚戌	鎭星	女 己未	28	
頤	震!	諸侯 四爻	辛亥 丙辰	丙辰 乙卯	太白	虛 丙戌	36	
蠱	震	三公 三爻	庚戌 乙卯	乙卯 庚寅 !	太陰	危 辛酉	28	

주역 육효점의 원조

경씨역전京氏易傳

1판 1쇄 펴낸 날 2016년 5월 27일

저자 경방 **역주** 최정준
발행인 김재경 **편집** 김성우 **교정교열** 이유경 **디자인** 최정근
마케팅 권태형 **제작** 해인프린팅
펴낸곳 도서출판 비움과소통
서울시 구로구 구로동로 206(구로동 487-36 1층)
전화 02-2632-8739 팩스 0505-115-2068
홈페이지 http://bns-mall.co.kr **이메일** buddhapia5@daum.net
출판등록 2010년 6월 18일 제318-2010-000092호

© **최정준**
ISBN 978-89-97188-99-4 93140

* 책값은 뒤표지에 있습니다.
* 잘못된 책은 서점에서 바꾸어 드립니다.
* 이 책은 저작권법에 따라 보호받는 저작물이므로 무단전재와 복제를 금지하며, 이 책 내용의 일부를 이용할 때도 반드시 지은이와 본 출판사의 서면동의를 받아야합니다.